当代大学生
核心素养培养策略研究

刘 薇◎著

高校 协同 核心素养 大学生 政治认同 现状 思想政治 时代背景 心理健康素养 内涵 机制革新

新华出版社

图书在版编目（CIP）数据

当代大学生核心素养培养策略研究 / 刘薇著 .
北京 : 新华出版社 , 2024. 7.
ISBN 978-7-5166-7485-7

Ⅰ . G640

中国国家版本馆 CIP 数据核字第 20244K8K39 号

当代大学生核心素养培养策略研究

作者：刘薇
出版发行：新华出版社有限责任公司
（北京市石景山区京原路 8 号　邮编：100040）
印刷：天津和萱印刷有限公司

成品尺寸：170mm×240mm　1/16　　**印张**：10　　**字数**：185 千字
版次：2025 年 1 月第 1 版　　　　　　**印次**：2025 年 1 月第 1 次印刷
书号：ISBN 978-7-5166-7485-7　　　　**定价**：68.00 元

微店　　　视频号小店　　　抖店　　　京东旗舰店

  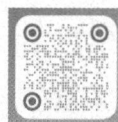 

微信公众号　　　喜马拉雅　　　小红书　　　淘宝旗舰店

前　言

　　"素养"所表达的概念，反映了一个国家的思想政治教育水平，代表了其国际地位，同时也成为社会前进的动力。核心素养培养作为现代基础教育改革的应对之策，不仅为"素质观"注入了新理念，还重新审视了教育的核心使命，为素质教育的实践开启了崭新的篇章。

　　通过强化核心素养的培育和完善，可以提升学生的思想政治素养、专业能力以及职业素质。这一努力不仅夯实了社会主义现代化建设、实现中华民族伟大复兴的基础，还有助于培养国家所需的创新型人才。

　　近年来，对核心素养的研究已不再局限于理念探索，而是关注如何建构一个完善体系。众多高等教育机构已开始在教学实践中积极培育学生的核心素养，并深入研究此领域的相关问题。展望未来，大学生核心素养的培育将进一步深化，与此相关的评估方法和培养模式等议题也将不断改进。对现代大学生而言，核心素养的培育至关重要，这种培育不仅在实际中具有重大意义，还对个人和职业发展具备重要的促进作用。

　　在内容上，本书分为六个章节，第一章为核心素养概述，依次阐述了核心素养提出的时代背景、核心素养的内涵、核心素养的实质、核心素养的评价方法；第二章为大学生核心素养体系与现状，主要包括大学生核心素养构建的理论基础、大学生核心素养的国际研究借鉴、大学生核心素养体系的基本内容、我国大学生核心素养的培育现状等内容；第三章为大学生核心素养培养之政治认同素养，分别对大学生政治认同素养培育现状、大学生思想政治教育制度的发展与演变、大学生政治认同素养的主要内容三部分展开阐述；第四章为大学生核心素养培养之心理健康素养，依次阐述了大学生心理健康素养培育现状、大学生心理与行为特征、高校心理健康教育模式、高校团体心理健康辅导；第五章为大学生核心素养培养之职业核心素养，分别对大学生职业核心素养培育现状、大学生职业核心素养培养的主体协同、大学生职业核心素养培养的体系优化、大学生职业核心素养培养的机制革新做出阐述；第六章为大学生核心素养培养策略，分别论述了大学课程适应核心素养要求、大学教学以核心素养为本位、基于核心素养变革育人模式、发展大学生核心素养的学校制度建设、构建和强化政治认同培育体系。

在撰写本书的过程中，笔者参考了大量的学术文献，得到了许多专家学者的帮助，在此特表示感谢。本书内容系统全面，论述条理清晰、深入浅出，但由于笔者水平有限，书中难免有疏漏之处，希望广大同行及时指正。

刘 薇

2023 年 8 月

目　录

第一章 核心素养概述

核心素养一经提出，就受到教育界的广泛关注。本章为核心素养概述，依次阐述了核心素养的时代背景、核心素养的内涵、核心素养的实质、核心素养的评价方法等内容。

第一节 核心素养提出的时代背景

核心素养的提出和时代与科技变革、经济与社会发展、教育发展三个因素密切相关。时代与科技变革主要是指经济全球化、知识时代、信息时代的到来。经济与社会发展指经济增长、职业需求、人口结构变化、多元文化、环境与可持续发展的需要。教育发展则是指教育质量的提升以及人们对教育公平的期待。从这个层面看，核心素养是社会、经济、教育发展推动或倒逼下的产物。

核心素养是一种世界性趋势和潮流，它的提出与发展可以概括为三个阶段。第一阶段是 20 世纪 80 年代，英国和澳大利亚率先启动了核心素养的相关研究。第二阶段是 20 世纪 90 年代，核心素养扩展到美国，随后扩展到欧盟，并且在全球产生了积极的影响。第三阶段是 2008 年至今，核心素养开始向亚洲国家扩展，首先是日本，然后是新加坡，并引起了联合国教育、科学及文化组织（以下简称联合国教科文组织）的反思。中国于 2014 年开始关注核心素养的研究，并于 2016 年推出核心素养的标准。

一、经济社会发展

核心素养研究的出发点基于对现代社会环境的分析以及对未来社会发展需求的预测。21 世纪的社会主要以信息化、经济全球化和知识经济为核心特征。经济全球化和知识经济作为主流趋势，已经成为现实社会不可或缺的载体。信息化尤其是人工智能的演进，为预测未来社会提供了依据。经济全球化挑战下，各种社会问题，如就业压力、社会矛盾、价值观危机等，通过学术交流得以深入探讨。面对高速变动、充满偶然性和不确定性的社会以及富有挑战性的时代格局，世界各国的教育改革都需要围绕一个重大问题展开，即 21 世纪的学生需要具备哪些关键素养或核心能力，以便他们适应未来社会并有效促进社会进步。

在全球经济一体化的进程中，知识经济和终身学习的理念在教育界产生了重要的影响，成为促进核心素养培养的主要推动力。知识经济的概念最早源自早期的人力资本研究。1964 年，贝克尔在他的著作《人力资本》中提出，知识、信息、观点、技术以及劳动力健康是经济增长的基础，他引入了"知识经济"的概念，着重强调 20 世纪的工业进步是由少数精英推动的，而现代经济则更加依赖广大人民的知识水平和技术能力。然而，到了 20 世纪 80 年代中期，知识经济的兴起对人力资本研究方向产生了逆向影响。卢卡斯和罗默尔提出的"新经济增长理论"基于知识经济的观念，将知识作为内部变量纳入了经济增长的考量范围，突显了知识和专业化人才在知识经济体系中的决定性作用。

教育是纷繁复杂社会中的一个重要生态系统，核心素养体系作为教育生态系统的一个因子，自然就发挥着重大作用。知识经济的话语正在影响着人们的知识观和认知观念。在现代社会中，对知识的专业化要求不断提高，而在职业环境中与他人的协作与交流能力，亦即"软技能"，日益受到重视。时至今日，个体的知识、技能、素养等与教育和社会经济发展息息相关，尤其是在信息化、数字化、大数据、人工智能时代，它们已经成为重要的经济要素。因此，最为宝贵的知识即可显著促进经济蓬勃发展和技术不断进步的知识。知识经济不仅提升了教育的关键地位，还进一步提高了教育的经济效益，将教育与其实用性密切融为一体。

核心素养涉及当下与未来、个人与社会、经济与发展以及能力与情感。欧盟核心素养框架把学生的核心素养分为"个人发展""社会融入""经济生活"三个维度。经济合作与发展组织（以下简称经合组织）的"核心素养"阐明了未来学生应该具备哪些最核心的知识、能力与情感态度，这些是他们成功融入未来社会、实现自我价值和推动社会发展的动力。联合国教科文组织将核心素养归纳为"工具性素养""人文性素养（人本性素养）"。"工具性素养"就是人作为个体在社会中工作需要具备的素养，而个人修养、个人生活信条等"人文性素养"则是最根本的素养。

进入 21 世纪，经济全球化、科技发展、职业需求、教育质量的提升等是促进国际组织等推动核心素养研制的主要力量。相较而言，高收入经济体或发达国家对"经济全球化"和"知识时代"带来的影响较为敏感，而中等及以下收入经济体或发展中国家对"教育公平"和"环境与可持续发展"更为关注。

为了国民能够更好地适应未来社会、实现自我价值和推动社会发展与进步，国际社会在积极探索和研究学生需要具备哪些核心知识、技能与情感态度。换句话讲，面向未来，社会到底需要什么样的人，他们应该具备哪些素养，如何培养这些未来的公民，这些都是政府、教育管理者、学界研究者以及大学生所要关注的核心问题。

二、全球教育改革

（一）国际组织的倡导

核心素养体系的构建与实施正顺应国际教育改革的趋势，成为世界各国教育的目标导向和增强国家核心竞争力、提升人才培养质量的关键所在。2003 年，经合组织出版的名为《核心素养促进成功的生活和健全的社会》的研究报告将学生能力素养直接指向"核心素养"，构建了一个包括"使用工具互动""在异质群体中工作"和"自主行动"的指标条目。2005 年，经合组织发布了《核心素养的界定与遴选：行动纲要》，旨在增强核心素养应用于教育实践的可操作性。毫不夸张地讲，世界各国教育界关注的焦点之一就是学生的"核心素养"，尤其是基础教育阶段学生的培养质量。2018 年，经合组织和亚洲协会的全球教育中心发布了名为《在瞬息万变的社会中，培养学生全球素养》的报告，指出了在基础教育阶段培养学生全球素养的重要性。

在高校课程设计领域，存在三种不同的核心素养与课程体系相互关系模式。美国和澳大利亚采用了一种独特的方法，其将核心素养与课程体系分隔开来，但又让它们相互融合。芬兰则采用了截然不同的方式，直接将学生的核心素养融入课程体系之中。而日本则通过制定课程标准来明确学生应具备的核心素养。这三种不同的模式在高校课程设计中都有其独特的优势和特点。

就教学改革看，核心素养基于全球素养，以学生为主体，立足学生实际学情，着力于学生的未来发展，实施教与学方式的变革、教学评价的改革，运用大量的实际生活事例、案例，充分呈现"核心素养"教育教学理念，培养学生适应终身发展和社会发展需要的必备品格和关键能力。

（二）发达国家的教育改革方向

世界发达国家基于各自的核心素养内涵实施教育改革。在英国，虽然北爱尔兰对"核心素养"的理解和实施有差异性，但英格兰、威尔士、苏格兰均赞同"核心素养"的整体观，旨在提升个体技能、促进持久就业、发展社会经济、改进公民生活，提倡在课程中渗透关键技能或核心技能的培养。可以说，英国的核心素养具有较强的"能力导向"，强调"本土化"和"多样性"，所以它既不是简单地作为国家课程的育人目标，又不等同于实操性强的"能力为本"的职业教育。英国为了鼓励个体掌握 21 世纪的新技能，设计了"开放思维"的课程框架，鼓励用创新、整合的方式思考教育和课程，包含公民素养、学习素养、信息管理素养、人际关系素养、形势管理素养五项核心素养。

美国的基础教育"21 世纪学习框架"提出了人才培养的 18 种要素，即"21 世纪技能"，成为美国核心素养框架的雏形。美国的核心素养框架的表述较为复杂，是美国教育改革的一个总体目标，其框架内容完整地融入了国家中小学课程设计中，在世界上具有非常大的影响力。换言之，"21 世纪技能"已被明确确定为国际基础教育培养模式的核心衡量标准。在美国，这一观念被简明地分为三大类：学习与创新技巧、信息与媒体技术以及生活与职业技能。这三大领域不仅构成了综合教育的基石，还为高等教育体系的完善提供了重要支持。其中，学习与创新技能包括批判性思维与问题解决能力（critical thinking & problem solving skills）、创造性与自主学习能力（creativity & active learning）、沟通能力与合作精神（communication & cooperation）、跨文化理解与全球意识（cross-culture understanding & global awareness）（以上简称"4C"技能）。因而，美国"21 世纪技能"运动被视为从"3R"（reading, writing, arithmetic，即阅读、写作和算术技能）转向"4C"的教育运动。

日本的核心素养的"核心"是"德知体"。进入 21 世纪，日本针对基础教育存在的诸如学生的人性、独立学习、独立思考、个性教育、特色发展等问题，从以"生存能力"为核心转向以"思考力"为核心，强化语言力、数理力、信息力和实践力，形成了独具日本特色的核心素养理论。2013 年，日本在名为《培养适应社会变化的素质与能力的教育课程编制的基本原理》的研究报告中提出"21 世纪型能力框架"，从作为"生存能力"智、德、体所构成的素质与能力出发，构建了以"思考力"为核心、以"基础力"为支撑、以"实践力"为导向的课程体系。可见，日本核心素养的"德知体"，与我国的"德智体美劳"有相似之处。

（三）中国的教育改革方向

中国的核心素养有所创新和突破。2014 年 3 月，教育部在《关于全面深化课程改革 落实立德树人根本任务的意见》中提出加快"核心素养体系"建设，成了深化课程改革、落实立德树人目标定位、未来基础教育改革的指针。核心素养的提出为我国持续推进基础教育课程改革注入了新的生命力，丰富了以人为本、以学生发展为核心的课程改革理念。2018 年，北京师范大学中国教育创新研究院与美国 21 世纪学习联盟开展合作，在美国核心素养"4C"技能的基础上，新增"文化理解与传承素养"（cultural understanding & inheritance competence），构成"5C"模型，这是核心素养的"中国方案"。就中国而言，文化理解与传承素养旨在引导大学生从优秀传统文化中汲取营养、规范行为、涵养人格，在经济全球化的进程中葆有民族心。文化理解与传承素养的提出，得到了美国 21 世纪学习联盟的充分赞赏。可以说，"核心素养"成了我国基础教育改革的"新坐标"，是从"知识核心"走向"核心素养"时代的必然要求。换言之，我国的基础教育课程改革是从一维"双基"（基本知识、基本技能，1.0 版）到三维目标（知识与技能、过程与方法、情感态度和价值观，2.0 版），再到核心素养（3.0 版）的提升，是"知识本位—能力本位—素养本位"的发展过程，具有从教学转向教育、从教书走向育人的阶段性特征。

近年来，基础教育在核心素养培养的落实与实施方面取得了一些较为突出的成效，但在实践中依然存在唯分数论、过度关注升学率的现象，存在学生的实践能力、创新意识、合作精神缺乏等问题。核心素养在诸如素质教育、"减负"、综合素质评价、教学的个性化等方面的效果似乎与预期的存在一定的落差。这表明"核心素养"理念及有关教育教学改革与实践仍然需要在科学、理性的轨道中推进。

第二节　核心素养的内涵

近年来，"核心素养"已逐渐成为国内外教育领域的热门话题。全球主要的发达国家和地区已经建立了各种不同的核心素养体系，这些体系从各自的视角解读了核心素养的含义。我国目前尚未形成系统的核心素养概念与评价标准，这使得实践层面上对学生学科关键能力的培养缺乏足够重视，也导致教育效果大打折扣。当前我国基础教育领域对核心素养进行研究的文献很多，但大多是从概念层面展开讨论。在此基础上，笔者对不同框架下的核心素养进行了详细的分析，目的是更深入地理解核心素养的真正含义和核心价值。

一、核心素养的概念

对于核心素养的重视，代表着在当前教育改革的大潮中，对人才的质量标准进行了新的定位。因此，厘清核心素养的概念具有重要意义。

从 1985 年卡莫委员会（1984 年成立，成立的主要目的是发展与提升小学及中学学生在沟通、语文及数学方面的能力标准，以改善中学教育与后续就业或教育之间的衔接关系）首次提出五大"关键能力"概念开始，澳大利亚持续深化对核心素养体系的研究，目前已形成较为成熟的理论与实践框架。梅耶委员会持有的观点是，这些核心能力体现了在学术、职业和日常生活中所需的综合素质，其中涵盖了知识与技能的融合应用，确保每个人都能顺利地融入未来的工作环境。基于这一定义，该委员会进一步明确了七项核心素养：信息的收集、分析和整合能力，思想与信息交流能力，活动的组织能力，团队协作能力，数学方法与技术应用能力，问题解决能力，技术运用能力。进入 21 世纪，由经合组织开展的《素养的界定和遴选：理论和概念基础》项目为各国建立本地核心素养体系提供了宝贵的参考依据。这一项目的目标是为全球各国提供指导，以便更好地培养和评估核心素养。DeSeCo 项目指出，核心素养是指覆盖多个生活领域的，能够促成生活幸福和社会健全的重要素养。^①该项目通过多学科的整合，归纳出"能互动地使用工具""能在异质社群中进行互动""能自律自主地行动"三方面的核心素养。^②在2006年，欧洲联盟对核心素养的定义如下：核心素养包含了一系列具有多功能和可迁移性的知识、技能和态度。这些素养对于个体的个人成就、自我完善、融入社会和适应职业生涯至关重要。强调培养这些素养应该在义务教育阶段完成，成为终身教育的坚实基础。基于这一理念，欧盟进一步提出了终身学习的八大核心素养，涵盖了母语交流、外语交流、数学及基础科技素养、数字素养、学习方法、社会与公民责任、积极态度与创新思维，以及文化认知与表达能力。这些素养为每个人的教育和职业发展提供了坚实的基础，有助于个体更好地适应不断变化的社会和工作环境。

通过对国外相关研究成果的综合梳理，发现在核心素养的思想基础、价值导向和具体内容方面存在一些共通之处。可以从上述三个方面来深入剖析核心素养的具体定义。维度一："人的全面发展"是学生核心素养培养的核心思想，它详细阐述了学生在接受教育后应具备的基本修养和能力，以及人才标准。它既强调个人发展又兼顾社会需要，体现出现代教育价值观与人才培养观。核心素养是知识、技能和态度的综合体现，它不仅仅局限于某一特定学科的知识和技能，而是具有非情境化的特点，能够适应不同的学习领域和情境。它强调了每个个体必须通过自身主动参与到特定的活动或任务中来实现其目标。此外，在各个国家和地区的核心素养体系中，大部分指标都可以根据经济合作与发展组织的结构进行分类，展现了其综合性。维度二：强调了核心素养的价值导向，并尤为关注满足"个人发展"与"社会发展"之间的双向需求。它更加关注的是个体发展过程中所具有的潜能，而不是知识或技能本身。在追求个人目标和实现终身学习的过程中，核心素养被视为一项关键资源，旨在助力满足个体对"优质生活"的需求，同时也有助于他们在生活中取得成功。从社会发展的角度来看，核心素养不仅有助于每个人建立自己的公民地位，还能够帮助他们行使公民权益，更好地融入社会。核心素养的作用不仅仅局限于个人层面，它还在社会文化网络中发挥着积极的作用，确保个体能够积极应对各种情境。这种积极响应不仅有助于个人的成长和发

① 张娜.DeSeCo项目关于核心素养的研究及启示[J].教育科学研究，2013（10）：39-45.
② 柳夕浪.从"素质"到"核心素养"：关于"培养什么样的人"的进一步追问[J].教育科学研究，2014（3）：5-11.

展，也为社会的稳定与进步提供了有力的支持。总之，维度二强调了核心素养在满足个人和社会需求方面的价值，它不仅有助于个人的成功，还在更广泛的社会层面上产生了积极影响，为社会的稳定与进步做出了贡献。因此，核心素养不仅可以营造"成功的个人生活"，更有助于建立功能健全的社会，达成"优质社会"的发展愿景。维度三，核心素养的内容包括知识、能力、态度等多方面，其含义比"知识"的意义更加宽广，并不指向某一学科知识，而是强调个体能够积极主动地获得知识和技能；其涵盖范围远不仅限于传统定义中所描述的"能力"，而是包括了传统教育领域的知识和技能，同时也扩展至学生的情感、态度和价值观。这可视作一个复合体，包括了知识、技能以及态度的多维度展示，具有明显的综合性和实践性特征。在这个复合体中，国际社会关注的语言交际、信息处理、问题解决、社会合作以及创新意识等方面，都代表了学生在获取知识、掌握技能，并发展情感之后的全面表现。总体而言，核心素养为个体在适应未来社会、实现全面发展、提升生活技能方面提供了至关重要的修养和能力。它构成了终身学习的基本要求，也是提高个体全面素质的主要因素。

二、核心素养的特点

在构建学生的核心素养模型时，不仅要考虑到个体成长和发展的普遍规律，还需要确保其与教育和教学实践的实际需求相一致。它既能体现学校教育教学的特点与特色，又可以为不同类型高校制定人才培养目标提供参考依据。与此同时，学生的核心素养模型需要适应新时代社会对人才的新需求，并与经济全球化和信息化的发展趋势保持同步，以确保学生能够适应未来的社会环境，并具备持续学习的能力。

（一）普遍性

核心素养的普遍性在于，无论在哪种学习领域或情境下，它都是一个不可缺少的基本要求。从一方面看，素养的形成基于个体与各种情境之间的有益互动，这些情境涵盖了家庭、工作环境、社区以及其他公共空间等。素养不是与生俱来的，需要通过一定的教育过程才能得到提升。一个人的素养不应与其所处的具体情境脱节，因为不同的情境对素养的要求各不相同，仅仅抽象地讨论"素养"并不具有太大的实际意义。另一方面，核心素养不是一个孤立的概念，它既包含了知识技能，又体现出社会文化特征以及人自身发展需要的因素。核心素养不仅仅是某一特定场合或特定群体的专有能力，而是一种适用于各种场合和各种人群的通用能力。核心素养是通过学习而获得的能够适应社会发展需要的关键能力和必备品格。核心素养代表了一种跨越多个学科的综合技能，它强调在所有学科领域都可以进行培养，而不是仅仅局限于某一学科或某一特定领域。从人类的发展和为将来的社会做好铺垫的视角来看，这种素养具有广泛的重要性，并且它涵盖了多个学科和各种不同的场景。此外，随着知识时代的到来，知识更新速度加快，新技术层出不穷，知识领域不断拓展。在这个时代背景下，没有人能够完全理解和掌握所有的知识，这要求学生培养学习的核心能力，以适应科技的快速进步。通过不懈的努力和学习，不仅能够提升自己在言语、态度、动作、智慧和认知等方面的技能，还能掌握一套与个人特质相匹配的科学学习方法体系，从而具备主动学习、终身学习、全方位发展以及持续进步的能力。核心素养代表了各个学科课程的普遍价值追求，并凸显了对素养的普遍要求。

（二）系统性

核心素养具有系统性，各指标因素之间相辅相成、相依相促。从纵向上来看，素养的生成是从生理到心理，再到文化和思想的一个包括四个不同的层面的过程，这四个层面中，前者是后者的基础。"基础"包含两层含义："一是发生上前者对后者存在一种逻辑在先的意义；二是在内容上后者以萌生的形式存在于前者之中。"[①] 这意味着核心素养的培养必须是全面的、综合的和系统的。在进行横向的分析时，核心素养的各个组成部分并不是孤立存在的，它们在持续的进化中展现出了互动、互相影响和部分交融的特性。在纵向研究中，"三多元一高一长"是对学生全面素质结构的概括和总结。"素养"是一个动态建构的系统，它不仅包含着具体知识、技能等显性层面上的内容，也涵盖着人自身所特有的思维方式、价值取向、情感态度等隐性层面。核心素养在实际操作中以一种整合性的方法展现其重要性。从教育心理学角度来看，人的学习具有自主性和自觉性。例如，培

---

① 柳夕浪. 从"素质"到"核心素养"：关于"培养什么样的人"的进一步追问 [J]. 教育科学研究，2014（3）：5-11.

养反思能力可以帮助学生更好地审视、分析和调整自己的决策、行为和方法，以及由此产生的结果。自我认知素养可以通过自主学习、合作探究等途径实现其生成性。自我认知素养指的是个体对自我进行合理的认知和评估的意识和能力，反思能力与自我认知素养的培养和发展是相互补充、相互推动的，这体现了核心素养之间的系统性。通过对学科本质内涵的理解，将核心素养作为课程改革的指导原则，不仅可以在垂直方向上增强不同教育阶段课程的连贯性，还能在水平方向上推动不同学科领域课程的整体发展。

（三）生长性

从本质上说，核心素养是指一种人所具备的能够适应终身发展和社会需要的必备品格与关键能力。核心素养的培育需要教师将自身置于具体实践之中，通过对教学对象学习生活状态的观察、分析与研究来实现。当学生步入社会时，他们的核心素养是一个开放的体系，通过与真实情境的积极互动来不断扩展、发展和成长。随着社会经验的积累和个体发展需求的增长，素养的含义将变得更加丰富和完整。同时，核心素养是通过外显行为表现出来的，体现为行为意向、行为技能水平等。因此，尽管核心素养是动态发展的，但可以根据相关理论开发相应的工具对其进行测评。例如，学生对社会责任这一核心素养的认识也是随着人生经历的丰富、知识结构的完善而逐渐丰满起来的。低年级的学生或许只能认识到社会责任范畴中自己对家庭的责任，主动承担力所能及的家务，做家庭的小主人。但随着认识角度和认知方式的不断丰富，学生能够形成更加深刻的对社会责任的全面理解，认识到自己与他人（家庭）、集体、社会、自然等方面的关系中应有的职责、任务和使命，意识到自己对社会的责任，即将自己的存在与更大范围内的社会进步联系在一起。

（四）统整性

核心素养的统整性表现在两方面：一方面，核心素养集结了知识、技能、态度、价值观以及情感。它并非仅限于某一学科的知识，更强调个体积极主动地采取某种方式来获取知识和技能。其内涵比"能力"更为广泛，不仅包括传统教育领域的知识与技能，还包括学生的情感、态度和价值观。核心素养消除了知识与技能的二元对立，而是一个综合了相关知识、认知技能、态度、价值观及情感的综合体。它涵盖了稳定的特质、学习结果、信念价值系统、习惯和其他心理特征，在各因素之间凸显了态度因素的重要性，强调了人的反省思考及行动与学习，培养核心素养的目的不仅仅是满足基本的日常需求，更在于协助个体实现他们的生活愿景，促进他们的成长，并有效地参与社会活动。像"国际理解"和"创新精神"这样的概念更强调培养学生的品质、态度和情感。这种理念超越了纯粹的知识和技能，有助于纠正传统教育过于侧重知识，忽视能力，以及忽略情感、态度和价值观的倾向。

另一方面，核心素养融合了个人和社会的需求，旨在促进个体的全面发展，为他们适应社会变革、终身学习和成长奠定基础，从而实现了推动社会健康运转的宏伟愿景，完美地结合了个人和社会的目标和愿望。例如，就合作素养来说，人类面临问题的复杂程度、社会分工的精细化发展都决定了合作的价值愈加凸显。全球变暖、臭氧空洞、水污染等一系列问题成为人类共同面对的燃眉之急，需要大家矢志不渝地共同努力。因而，合作已经成为社会实现发展的重要途径。同时，面对激烈的竞争，个人想取得成功也离不开与他人的合作，因而合作素养的养成是个人发展的内在需求。由此可见，合作素养统整了社会的需求和个人发展的需求。

第三节　核心素养的实质

一、四大核心

关于"核心素养的'核心'在哪里"的设问，华东师范大学著名教授钟启泉认为，支撑学生核心素养发展的三大领域是"人格构成及其发展""学力模型"和"学校愿景"。基础教育的使命是奠定每一个儿童学力发展和人格发展的基础。人格结构说认为，人格结构由下至上为志向、经验、反映、气质，呈金字塔形。从人格成长角度看，学校教育应有长远的展望，着力课程与教学的改进，推进学生学习方式的变革。由此可见，人格的发展取决于学生的主体性活动，因为人格唯有通过活动才能得到发展。

（一）关键能力

关键能力是学生在解决问题的过程中逐渐形成的。核心素养是经过后天教育习得的，它是支撑"有文化教养的健全公民"形象的关键。联合国教科文组织的学会求知、学会做事、学会共处、学会发展、学会改变的"五大支柱说"的宗旨是终身学习，是核心素养提出的主要动因。经合组织提出，知识社会要求"运用社会、文化、技术资源的能力，在异质社群中进行人际互动的能力，自立自主地行动的能力"三种"关键能力"，因为知识社会是观念和知识作为商品的社会。欧盟的"八大素养"说和日本的"学力模型"更加突出学校课程与核心素养之间的关联。"学科素养"具有独特性、层级化和学科群的特征，这就为科学、技术、工程、艺术、数学素养的创生提供了空间。需要注意的是，"核心素养"与"关键能力"不是同一概念。我国《关于深化教育体制机制改革的意见》明确提出"要注重培养支撑终身发展、适应时代要求的关键能力。在培养学生基础知识和基本技能的过程中，强化学生关键能力培养"，并进一步指出四种关键能力为认知能力、合作能力、创新能力、职业能力。核心素养的两个关键词是必备品格和关键能力，因此核心素养与关键能力不是一回事，二者是包容与交叉的关系。

（二）批判性思维

批判性思维是核心素养的重要素养之一已成为共识。"批判性思维"源自英文 critical thinking。美国学者温克在《批判教育学》中指出："'批判'不仅意味着'批评'，批判还意味着能透过表面看到深处——思考、批评或分析。"[①] 不少学者认为，批判性思维由认知技能和情感意向构成。批判性思维包括思维过程中洞察、分析和评估的过程，批判性思维的培养被普遍确立为现代教育的目标之一。批判性思维的基本要素是断言、论题和论证。批判性思维分为认知技能和思维倾向，不轻信、不盲从、不武断是批判性思维最基本的表现。为此，教师应引导学生树立问题意识，敢于质疑、敢于提问，依据事实合理地论证、推理，摒除干扰、独立思考、得出己解，逐渐形成自导、自律、自我监督和自我矫正的思维习惯。批判性思维是区分引领者和追随者的关键能力。阅读和撰写思辨性的读后感是促进学生批判性思维形成的一个重要方法。批判性思维者的人格品质包括探索真理、

---

① 温克.批判教育学：来自真实世界的笔记 [M].路旦俊，译.长沙：湖南教育出版社，2008.

思想开放、自信、好奇心强，而拥有批判性思维的人能够正确地看待事物的两面性。可见，批判性思维是当今剧变时代需要具备的最重要的技能之一。不论学生今后选择什么专业、未来从事哪种工作，批判性思维对于他们都具有十分重要的意义。

（三）创新素养

勇于创新是 21 世纪人才的关键特征，创新素养则是核心素养的"核心"。在我国，"创新"是当下部分国民欠缺的素养。对学生来讲，考分和解决问题的能力之间存在着较大的差距。21 世纪是创新经济的时代，新知识、新技术、新工艺和新的价值观念将成为经济发展的推动力。标示国家国际竞争力的是其创造能力，而一个国家的整体创造能力之高低，依赖于人才的创新素养。在国际竞争愈发激烈的大背景下，以知识创新为基础的知识经济是社会发展的根本动力，是提升个人竞争力的核心要素。从国家的长远发展来看，唯有创新，才能提升在国际上的核心竞争力。党的第十八届五中全会明确了新的发展理念，包括"创新、协调、绿色、开放、共享"五个关键要素，值得注意的是，"创新"一词被置于首要位置。在传统教育教学中，学校考查的是学生对知识的记忆能力，而在未来的国际竞争中，考验的却是学生的创新能力。因此，我们的人才培养理念必须从"分数挂帅"转变为"创新主导"。在基础教育阶段，教师应把"创新素养"的培养作为整体性的教育教学主要目标，培养学生的创新创业精神与能力，要从学校教育抓起，强调对大学生学习兴趣和创新意识的激发，并持续培养其逻辑思维与辩证思维。在高等教育和科学技术领域，基础研究是当下我国科技创新的源头。实现"从 0 到 1"的突破，是从基础研究迈向科技创新、实现科技成果转化为现实生产力的巨大飞跃。

（四）全球胜任力

全球胜任力也称"全球素养"，受到了各国的高度重视。全球胜任力的概念最早可追溯至"国际理解"的提出。1974 年，联合国教科文组织第 18 届大会通过《关于教育促进国际理解、合作与和平及教育与人权和基本自由相联系的建议》，为全球胜任力的提出奠定了思想基础。1994 年，教科文组织召开第 44 届国际教育大会，其主题为"国际理解教育的总结与展望"。1988 年，美国国际教育交流协会在名为《为全球胜任力而教》的报告中率先提出"全球胜任力"的概念。2006 年，美国的《美国竞争力计划》提出通过培养具备 STEM（科学、技术、工程、艺术、数学）素养的人才提高全球竞争力的方案。2012 年 9 月，联合国启动"教育第一"的全球倡议行动，将培养全球公民作为三大优先工作之一。2015 年，联合国教科文组织举行的第 38 次教科文组织大会上发布"教育 2030 行动框架"，从国际层面提出了全球胜任力的实施方向。2016 年，经合组织发布名为《全球素养培养：为了一个更加包容的社会》的报告，将全球胜任力解构成"知识、认知技能、社会技能和态度、价值"四个维度。2018 年，经合组织将全球胜任力纳入国际学生评估项目（PISA）之中。事实上，美国、瑞典、挪威、芬兰、加拿大等国家很早就在教育体系中纳入了与全球胜任力相关的内容。归根到底，全球胜任力是在国际与多文化环境中有效学习、工作和与人相处的能力，简言之，其核心是个人参与全球合作与竞争的能力。

学界对全球胜任力有着不尽相同的表述或定义。有学者认为，全球胜任力包含五大要素：知识、同理心、支持、外语能力、工作表现。还有学者从可操作性的角度将全球胜任力定义为识别文化差异的能力，即有兴趣与来自不同文化背景的人交流，并利用语言和文化知识，在不同的环境中以最有效的方式进行沟通，强调文化理解与对话。2017 年 12 月，经合组织和哈佛大学"零点项目"提出全球胜任力的官方定义：能够分析当地、全球和跨文化的问题，对他人的观点和世界观进行理解与赏识，与具有不同文化背景之人展开开放、恰当且高效的交流，以及为集体福祉与可持续发展做出贡献的能力。全球胜任力的提升是一个持续的、终身学习的过程，主要包含认知、人际与个人三个层面和世界文化与全球议题、语言、开放与尊重、沟通与协作、自觉与自信、道德与责任六大核心素养（见图 1-3-1）。全球胜任力已经成为评价学生综合素质和核心素养的重要指标。为此，要培养能够走向世界的全球型、全能型人才，为互联的世界培养"全人"；要培养能够跨界创新、融合发展的国际化人才；在教育内容方面，要增加诸如跨文化教育、世界公民教育等内容。值得注意的是，"全球"与"本土"并不是互相矛盾的，而是互相促进的。不同国家与民族、文化与信仰、政治经济条件下的教育必须契合地方的特点与传统，因为全球胜任力的培养无法超脱本土文化。

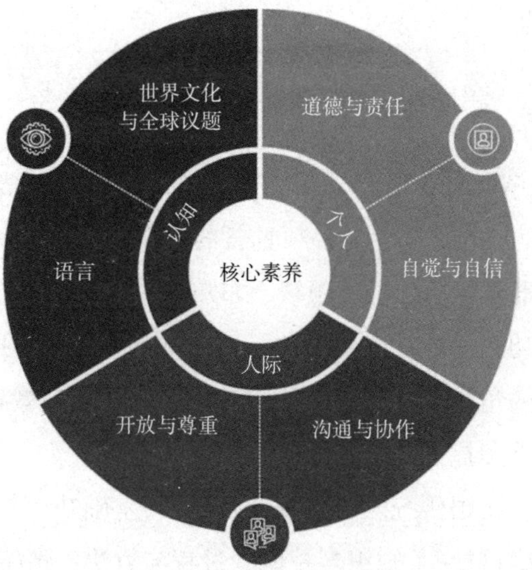

图 1-3-1　全球胜任力地三个层面及六大核心素养

关于核心素养，对于核心素养的"核心"在哪里这一问题，有学者回应核心素养并没有"核心"。前者所指的"核心"聚焦"必备品格""关键能力"，后者所说的"没有核心"则指向"全人教育"。为什么"核心素养"要作为我国第九次课程改革的聚焦点？这是因为核心素养转变了传统的"知识本位观"，要求教育者拥有"以人为本"的教学观。教师不再是知识传授者，而是利用不同类型的知识、情境培养学生的"核心素养"，或者说构建学生的"能力结构"，切实从"为升学而教"指向"为能力而教"。自《普通高中课程方案（2017 年版）》实施以来，不少教师对学科"核心素养"的概念、内涵、逻辑、评价等的认识仍然不够深入，在教育管理、课堂教学等实践探索中存在贴标签的现象。为此，有学者提出谨防"核心素养"概念化[①]。

需要特别注意的是，核心素养虽然关乎职业教育和终身教育，与能力、技能有着密切的关联，但教育尤其是基础教育和高等教育决不能搞成"训练有素的无能"或"职业性的畸形"，也不能搞成"题海战术""高分低能"的应试教育，否则学生就会被训练和塑造成程序化的"机器人"。

---

① 郭家海. 谨防"核心素养"概念化 [J]. 新课程研究（上旬刊），2016（6）：4-5.

二、四大落点

（一）育人导向

核心素养的培养指向于培养 21 世纪信息时代、知识社会、经济全球化时代的"新人"。核心素养指的是学生必须具备的重要品质和能力，以便为未来的生活做好准备。这些素养包括广泛的领域，如知识、技能、情感、态度和价值观等。它们是学生取得成功和适应社会发展的不可或缺的因素，为此，它们在高校教育中扮演着至关重要的角色。核心素养的培养是一个在家庭教育、学校教育和社会教育中持续性的完善和提升的过程。这就需要践行以人为本的教育理念，突出终身发展的育人导向。我国传统教育重视"双基"（基础知识与基本技能）。第八次课程改革提出"三维目标"（知识与技能、过程与方法、情感态度价值观），第九次课程改革提出"核心素养"（必备品格、关键能力），反映了我国课程改革从 1.0版（"双基"目标）到 2.0 版（三维目标）再到 3.0 版（核心素养）的发展过程，折射出人才培养从知识本位到能力本位再到素养本位的转向，是一个不断从"物"走向"人"的培养理念转变的过程。我国核心素养的培养目标旨在培养全面发展的个体，主要集中在三大领域：文化基础、自主发展和社会参与。在文化基础方面，强调学习人文和科学等领域的知识技能，以深化对人类杰出智慧的理解，培养高尚的精神追求。在自主发展方面，特别注重培养个体的学习和生活管理能力，发掘个体的价值和潜力，使其能够适应不断变化的环境，实现卓越的人生。而在社会参与层面，强调建立与社会的和谐关系，培养现代公民的道德观念，增强其社会责任感，同时鼓励其为社会进步做出贡献。这就不难发现，核心素养的落脚点是"人"。因为其目标是育人而非选拔，其教育指向是过程而非结果，尤其应关注学生的感想和体悟，所以学校教育最重要的任务应该是培养学生健全的人格。这不仅回答了教育要"培养什么样的人"的问题，指明了学生未来的发展方向和奋斗目标，而且彰显了学生理想信念和个人价值的重要性。

核心素养是确保我国第九次基础教育课程改革万变不离其宗的"DNA"。学校教育最重要的功能是立足学生未来的终身发展和社会需要，培养他们良好的素养。基础教育学校在课程改革时应聚焦三个方面：将身心健康放在课程目标的首位，课程教学要培养学生终身学习的能力，课程内容及实施要为学生打下走向社会的基础。学生正处于生长发育的关键时期，自控能力差、学业压力大、过度焦虑等问题时有出现。学校只有开足开齐健康教育课程，根据学生的身心发展特点开展形式多样的活动，通过多种方法和途径提高学生的心理健康水平，提高他们的心理素质，促进他们的身心全面和谐发展，才能适应未来社会的发展需求，提升个人的就业竞争力。《普通高中课程标准（2017年版）》将体育与健康学科核心素养凝练为运动能力、健康行为和体育品德三个方面。《义务教育体育与健康课程标准（2022年版）》在此基础上，以核心素养为导向贯穿课标始终，注重体育与德育、智育、美育、劳动教育及国防教育的融合。身心健康不仅是学生应该具备的基本素养，也是他们未来参与社会竞争的核心条件。

（二）教学变革

核心素养在课程实施方面突出表现为具体化、素养化、校本化和人文性。核心素养赞同课程目标的"具体化"，因为课程目标是对育人价值和任务的高度概括。基于核心素养的课程目标应在深刻把握学科本质的基础上明确课程在核心素养培养方面的独特价值和贡献，并在不同学段上实现目标的具体化。核心素养强调课程内容的"素养化"。以培养"批判性思维""问题解决能力"等核心素养为目标的课程必须把学科知识的批判性、假设性和实践性置于首位；要大力倡导个性化学习与人性化学习，鼓励学生通过深度学习发展批判性思维、问题解决能力，实现学生学习的"素养化"。核心素养提倡课程设置的"校本化"。学校课程应贴近学生的生活实际，要提供满足他们现实生活、未来发展需求的通识教育课程，要特别关注核心价值观、职业生涯指导和终身发展的前瞻性，要把培养学生的创新能力与合作精神作为课程建设的重中之重。在现实中，部分教师过度依赖课标和教材，往往把教材上的知识、技能作为"硬目标"，忽视了教材背后的"软目标"。三维目标是为了让"课程目标"不失真，但"软"不及"硬"，而"核心素养"的出发点和落脚点是"人"，被遮蔽的育人目标、综合素养得到了重视，所以核心素养解决了我国基础教育"三维目标"割裂的问题，实现了学习方式和教学模式的根本转型。一些学者将核心素养视为"课程发展与设计的关键DNA"和"教育基因改造的核心"。因此，核心素养更加关注课程建设的综合化、主体化发展趋势，强调课程的整体育人功能与价值。

核心素养是课堂教学改革与创新的新推力。核心素养、学生核心素养和学科核心素养三者之间是层级关系，而学生核心素养与学科核心素养是包含关系。学科核心素养为高校学子提供了合乎逻辑的基础，反映了他们在具体学科中所接受的教育。实际上，学生的核心素养是通过各个学科和其他教育活动来培养的。更具体地说，核心素养具有跨学科的特性，不是由单一学科完全塑造的。每个学科都为核心素养的培养提供了独特的贡献。从课程教学维度看，核心素养既包括学科核心素养，又包括跨学科核心素养。一方面，核心素养起到指导、引领、辐射学科课程教学的作用，彰显学科教学的育人价值与功能，使之自觉地为"人"的终身发展服务，使"教学"上升为"教育"。另一方面，核心素养的培养依赖于各个学科独特育人功能的发挥、学科本质魅力的发掘，只有各学科实现教育目标与课程目标，才能顺利达成培养学生核心素养的目标要求。从这个意义上讲，核心素养是强调全人教育的素养，是学科壁垒的"溶化剂"，只有构建核心素养体系，各学科教学才能实现统筹统整，突出实践育人的价值。因此，没有核心素养，课程教学改革就缺了灵魂。

核心素养的培养要求教师能够创设与现实生活紧密关联的、真实的问题情境，让学生通过基于问题或基于项目的活动方式，开展体验、合作、探究或建构式的学习。课堂教学改革要实现教师教学的"素养化"。学校应大力倡导研究型教学与合作型教学，要围绕核心素养改进教学方法，采用启发式、探究式、讨论式、参与式教学，营造独立思考、自由探索、勇于创新的良好环境，让学生学会合作学习、自主学习。教师首先应具备学科和跨学科素养。学科素养是未来学科的学科精神和价值趋向。如果一个教师没有学科素养，就只能站在学科的外围教学生怎么解题；如果一名学生没有学科素养，就会成为一个只会做题的"机器"。一个优秀的教师要用学科思维和方法去指导、引导学生进行深度学习、探究性学习。核心素养要求"知识型"课堂转向"素养型"课堂，以提高学生的学科思维、学科方法、学科技能、学科精神和学科价值取向为目的。在教学中，教师应树立大学科素养观，要站在学科和跨学科视野的高度进行授课，把培养学生的学科思维、学科素养渗透到课堂教学之中，引发学生的深度思考、质疑和表达；教师要教会学生综合运用（跨）学科观念、思维模式和探究技能，在探究和合作的过程中形成分析情境、提出问题、解决问题的创新知识与素养；教师要转变"一言堂""灌输式"的课堂教学模式与方法，实施基于知识横向联系的整体化教学、基于满足知识纵向联系的主题化教学、基于知识横纵联系的问题化教学、基于满足学生差异化需求的分层教学、基于迁移能力形成的情景化教学；教师还应根据学生在课堂所学的知识，布置项目作业，引导他们在生活中实践、探究，让生活与社会变成"教""学"的活教材。简言之，课堂的核心目标不再是学习知识，而是使学生在学习知识的过程中提高素养。

（三）评价改革

核心素养应实现评价的"素养化"。基础教育课程改革最难的是评价，这是教育研究者、教育管理者、一线教师和学生及社会关注和关心的重点问题。如果评价体系不优化，仍然将分数和升学率作为考核的主要指标，那么，基础教育课程改革的落实仍将举步维艰。有学者指出，学校教育中为考试而教、课程窄化、内容碎片化的教学倾向，一定程度上导致部分学生缺乏社会责任感、创新精神和实践能力，表现为"个人主义膨胀、师生关系糟糕"[①]。2020 年 10 月，中共中央、国务院印发《深化新时代教育评价改革总体方案》，旨在完善立德树人体制机制，扭转不科学的教育评价导向，系统推进教育评价改革，发展素质教育。

2021 年 7 月，国务院办公厅印发《关于进一步减轻义务教育阶段学生作业负担和校外培训负担的意见》（简称"双减"）。"双减"的目的是要在减轻学生过重的作业负担和校外培训负担的基础上，构建高质量的教育体系，改变灌输式的"浅层学习"，转为基于核心素养的"深度学习"，促进学生批判性思维、协作精神和学习素养的培养是至关重要的。毫无疑问，高校学生的学业负担将会减轻，而课后作业的形式和数量也将经历显著的改变。学校应转变教育管理和评价方式，推进核心素养的培养在教育教学改革中的落实。基于核心素养的课堂评价应改变过分重视知识传授和标准答案的现状。在教学管理上，教育行政部门应赋予学校充分的办学自主权，而学校要保障教师的教学自主权和学生的学习自主权，尤其是"走班选课"的权力。在单元或课时内容的讨论中，需要检查教育者是否深入挖掘了学科的核心素养，并且是否平衡了学科的公共核心素养。同时，教学模式和方法应与教学目标协调一致，以支持学生核心素养的培养和提高。在学生评价方面，学校应将"能创新""善合作"素养纳入学生的评价标准。核心素养评价主

---

① 崔允漷. 素养：一个让人欢喜让人忧的概念 [J]. 华东师范大学学报（教育科学版），2016，34（1）：3-5.

张通过建立综合和情境化的真实任务，提高学生在真实情境中提出问题和解决问题的能力，培养他们解决复杂问题的技能，同时有效地促进团队成员之间的高效沟通。为了实现这一目标，需要采取多种方法，如观察、讨论、项目展示、同伴评估、自我评估、自我反思和成长记录档案袋等方式，来收集学生在不同情境、时间和形式下的多维证据，以全面而科学地评估学生核心素养的发展程度。教育行政部门和学校应立足互联网、大数据、人工智能，不断地探索，强化对于"微技能""软环境""显特长"的评价，应对高校学生在其教育历程中的全部数据和信息进行持续的"画像"记录和追踪，经深入分析，为每一位学子提供个性化的指导，以有效支持核心素养的培养和全面素质评估的实施。

（四）育人功能

随着经济全球化、社会信息化的深入，以及知识经济时代的到来，我们应该培养什么样的人？他们应该具备哪些核心素养？基于学生核心素养的教育教学改革已经成为国际组织、许多国家和地区制定教育政策、实施教育改革的基础。基础教育阶段是学生人生发展的重要时期。我国基础教育改革从"双基"到"三维目标"再到核心素养，折射出育人目标在不同教育阶段的表现，落实了"立德树人"的根本任务，体现了课程改革的时代性和国际视野，解决了"三维目标"的割裂问题，实现了我国课程目标的科学化与具体化，带来了启发式、探究式、合作式等教学模式与方法的变革，这是一个从知识本位向学生本位、从教书到育人、从教学到教育、从国内向国际逐渐转变的过程。核心素养的发展是一个可持续的、与时俱进的动态优化过程，关注的焦点是学生的个性发展和全面发展，将"学什么"（知识与技能）、"怎样学"（过程与方法）、"学会什么"（能力、品格、观念）构建为一个整体，具有内在的一致性。以培养"全面发展的人"为核心，回归素质教育的本真，充分反映了未来经济社会发展对人才培养的新要求。培育学生的核心素养，让他们在"学得"知识的过程中，"习得"学习知识的方法，获得解决问题和生存的技能，这在一定程度上改变了教师的"教"和学生的"学"。核心素养的培养不只是教育理念，而是可以践行的教学改革行动。从教育指向看，核心素养的培养是育人而不仅仅是学科本位教育，关注个人终身发展和社会发展；从教育目标看，核心素养的培养当属于大众教育而不是少数精英教育，旨在培养未来社会需要的合格公民。

　　核心素养的落脚点旨在促进学生的终身发展和全人发展。图 1-3-2 为核心素养的三层结构（图 1-3-2）。这三层结构在垂直水平上形成层叠状，强调自下而上、自上而下的结构关系，它们之间有着紧密的互动和映射关系。而且三层结构决定了中层"问题解决"目标的实现需要建立在底层"双基"目标的达成之上，而上层的"学科思维"目标必须基于"问题解决"层和"双基"层。概而言之，"双基"层主要是单纯的知识和技能学习，"问题解决"层上升到了三维目标（知识与技能、过程与方法、情感态度与价值观），而"学科思维"层将解决问题的能力提升为价值观或世界观，聚焦学科核心素养，注重学生思维的培养。

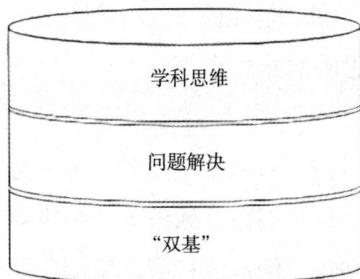

图 1-3-2　核心素养的三层结构

　　综上可见，核心素养具有高级性和关键性、可培育性和发展性、国际性与本土性以及多层次性的特征。核心素养的"核心"主要体现为关键能力、批判性思维、创新素养、全球胜任力。

第四节　核心素养的评价方法

一、表现性评价

（一）表现性评价的内涵

　　表现性评价是一种以真实性、情境性为特点的质性评价，通过观察学生解决实际问题的行为表现来评价学生，它强调表现（performance）、档案袋（portfolios）和成果（products）评价，也被称为"3P"评价。其作为一种新型评价方法，由于较好地克服了标准化测验的一些弊端，近几十年来受到了国内外教育界的广泛关注。

（二）表现性评价的特点

1. 关注学生"能做什么""怎样做"

传统的选择题考试可以有效测量"知道什么"，但是关于"能做什么""怎样做"很难通过在纸上勾选的形式得到有效的评价。表现性评价应着重于确实想要衡量的学生行为，而非表面看似存在但实际并未发生的行为。通过设置在真实的生活环境中的有意义和有价值的任务，或者是对现实生活的模拟，表现性评价可以直接对学生"能做什么"和"怎样做"的行为表现进行评价。一般而言，评价任务越真实，越能显现学生的素养水平。

2. 重点考查高阶能力

表现性任务要求学生参与一系列复杂任务，主要考查的不是记忆和复制事实性知识，而是创造性思维、反思能力、想象力等高阶能力。学生必须真正发挥主体性，独立思考，将所学知识灵活地迁移到真实问题的解决中，开展各种探究活动，从而使自身的深层素养表现出来，而不只是知道和了解某个学科知识或选择答案。因此，表现性评价不仅是对学生某个方面知识掌握情况的测量，更是对面向真实问题情境的综合素养的评价。

3. 重视过程性评价

重视学生在完成任务过程中的表现是表现性评价与传统评价的主要区别之一。在以往的教学实践中，大部分的评价倾向于结论性质，主要关注学生通过书面测试所获得的分数。但表现性评价不仅关心学生的行为结果，更注重学生行为的过程，强调观察学生在运用所学知识完成任务过程中的表现。

4. 重视综合性评价

表现性评价能够超越知识，给予学生更为完整的、综合的评价，学生的信息处理能力、探索热情、责任感、态度价值观、与小组成员的合作沟通能力、创造精神、反思能力、自我评价能力等，都能在完成任务的过程中连续地表现出来，这比固定选项的知识性的笔试题目的考察项目要丰富得多。

5. 评价标准具有开放性

传统评价的结论是预设的，只需要简单推断即可，而表现性评价要求学生去努力解决一个复杂的问题，强调问题解决方法的多样性，不囿于唯一正确的答案，而是开放、多样、多维度的，因此要根据问题的具体情境，多角度、多方面、综合地、动态地生成评价标准。评价可能在课堂中进行，亦可能在校外进行；既可以是对学生单一表现的评估，也可能是对团队表现的评估；可以是最后的成果展示，也可以是某个持续的过程性评价。同时表现性评价关注学生的特长和个性，赋予了学生自主权，可以用多样化的方式呈现和展示学习成果，能够促进每个学生的发展。

6. 强调预先明确评价标准

在评价之前，需要制定具体、规范的评价标准，并对每一条评估标准，以及学生表现的水平进行描述，让学生明确学习结束时所要达到的目标与要求。在实践中，也可以通过展示和分析具体的范本，让学生知道什么是好的作品，以及完成任务过程中的注意事项。评分标准的详细程度，可以根据具体任务和评价对象的具体情况而定，在清晰、明确的基础上，也不要过于冗长。

二、档案袋评价

（一）档案袋评价的内涵

档案袋评价是以促进学生素养发展为目标，这个素养可以是某一学科的核心素养，也可以是综合素养，有意识地收集和记录学生的相关作品、学生的自我反思、教师和同伴的评价等相关材料，了解学生某一时期素养发展的过程和轨迹，并对学生素养发展的状况和水平进行质性分析的评价方法。档案袋评价是一种质性评价方法，档案袋是评价的工具和载体。

（二）档案袋评价的特点

1. 目的性、计划性和组织性

档案袋评价中的"档案袋"与一般的档案袋或简单的文件夹不同，它不是根据学生的喜好随意地、杂乱地堆砌一些资料形成的一个袋子。在评价意义上的每个档案袋都必须具有明确的评价目的。在评价实施之初，就需要围绕一定的教学要求，预先设定本次档案袋评价的目的，确定收集哪些内容资料，设定评价标准，然后师生有计划地按照一定的步骤收集、整理、反思、修改作品，一步步地达到最终目标。因此，虽然档案袋评价具有开放性和自主性，但并不是随意、无组织的行为，师生要依据一定的目的，对学习过程与结果进行规划，制定短期目标、阶段目标和长期目标，同时对不同时期档案袋的内容、评价标准、操作步骤进行深度思考与系统设计，然后有计划地实施。

2. 形式多样

档案袋评价在呈现形式上表现出难以想象的多样性和丰富性。资料的来源是多样的，包括学生、教师、同学、家长或其他社会成员的陈述、观察和评语；资料的内容和形式是多样的，可以是传统的作业、测验及成绩报告，也可以是某个作品、论文、研究报告、操作、演示、轶事记录、模型、信件、小发明、照片、证书等；其载体是多样的，可以是文本、图片、图表等纸媒形式，也可以是音频、视频等数字媒介形式；其评价范围也是多元而广泛的，除了对学生的学习效能、策略和方法进行评价，还涉及情感、态度、价值观、行为表现、自我反思能力的评价。

3. 过程性和真实性

传统的标准化测验属于结论性评价，档案袋评价则不同，它是过程性评价，是在一段时间内对学生作品的收集和评价，生动真实地记录了学生学习发展的过程和轨迹。

三、多元主体协商评价

多元主体协商评价中涉及的相关人员主要有教师、学生、同伴、家长、校外专家，以及其他与学校教育有关联的社会成员和组织等。要明确不同的评价主体及其在评价中所要承担的任务和职责，明确协商过程中各自的参与策略。

（一）教师评价

教师是课程与学生之间的连接者，是课程和评价的实施者、组织者，教师需要有效地组织评价的相关人员，通过对话、协商共同做出有关学习和评价的决定。具体来讲，教师要在已有经验以及国家统一的大纲、课本的基础上，对通过学习让学生学会什么、提高哪些素养，开展哪些具体的学习活动，借助哪些资源，采用的评价标准与形式等形成清晰的认识，然后与评价的相关人员，特别是学生就这些问题进行协商讨论。

（二）学生评价

多元主体协商评价确立了学生作为评价主体的地位。在新的评价体系中学生不再是被甄别、被打分的对象，而是评价活动中积极主动的参与者和建构者。学生既是评价的对象，也是评价的主体。多元主体协商评价承认学生作为课程和评价的重要主体的地位，在评价中尊重学生个体和集体的意愿，赋予他们发言权，激起他们参与课程和评价的设计与规划的热情，与教师一起安排学习计划，协商确定评价方案。

（三）同伴评价

同伴评价也是重要的方面，包括组内评价、组间评价、个体对个体的评价、个体对群体的评价、群体对群体的评价等。这一评价的关键是要帮助学生在小组中进行有效的合作学习。在竞争与合作中，同伴评价可以使小组成员之间相互提醒、彼此激励，发挥学习共同体的作用。同辈群体在年龄、兴趣爱好、思维方式和思想观念上都有很高的相似性，更能够彼此了解、感同身受、相互启发，做出的评价也更丰富、贴切，具有较强的指导性。

（四）家长评价

家庭是孩子重要的生活环境，要发挥家长在学生评价中的促进作用。家长是孩子的第一任老师，也是孩子学习和模仿的重要对象，孩子的认知、价值观、行为方式在很大程度上都会受到家长的影响。

加强家庭教育、动员家长参与学生评价，已成为世界各国教育行政部门的共识。英国自 1988 年颁布教育改革法案之后，由政府机构出面大力推动家长参与学校教育，开展了"全国家庭学习日"，推动家庭学习共同体的建设；实行中小学与家庭签订协议书的教育政策；鼓励学校与父母建立伙伴关系，促进家校合作。

在国内，现在很多学校都十分重视家校在评价中的协商合作。对学生进行入学教育的同时，也对家长进行教育，让家长了解学校的宗旨使命、文化传统、课程设置、评价方案、各项规章制度等。很多学校每学期都会举办很多次家长开放日，家长可以拿着邀请信，参观学校的任何地方，与老师、领导进行交谈，进入课堂与学生一起听课……可以对学生、教师和学校的方方面面提出意见和建议。

（五）社会评价

社会评价是相关社会人员或团体对学生表现做出的评价。比如，《普通高中数学课程标准（2017年版2020年修订）》指出："除了教师和学生之外，还可以邀请家长、有关方面的专家，对研究报告或者小论文做出评价。"素养属于高级认知和心理层次，专业性很强，有时需要专家进行评价。同时，发展素养需要学生们去政府部门、企事业单位、博物馆、社区、居委会等地广泛参与社会实践，去发现问题，观察社会现象，探究问题的解决办法。学习若变得没有边界，会有更多的社会评价主体参与进来。

第二章　大学生核心素养体系与现状

本章为大学生核心素养体系与现状，主要分为四个部分：大学生核心素养构建的理论基础、大学生核心素养的国际研究借鉴、大学生核心素养体系的基本内容、我国大学生核心素养的培育现状。

第一节　大学生核心素养构建的理论基础

一、中华传统道德精神

（一）仁民爱物

随着国际空间与格局的演变，新时代的发展展现出了不同的需求。各国和各地区都在培养核心素养方面表现出与时俱进的一致性，这意味着构建的框架应该根植于各自的传统文化，同时能够与其他地区的文化和谐共存，在历史的滋养下焕发出新的生命力。中华文化拥有悠久的历史和丰富的内涵，在历史的长河中塑造了一定的文化特色。经过代代人民的辛勤付出，中华文化已经逐渐完善，并融入了中华民族的血脉。

中华传统文化以儒家文化为中心，其核心关注人的问题，探讨个体的价值、与他人相处的方式以及自我实现的途径。孔子，儒家文化的代表，被尊称为"万世师表"。他强调普及教育，并为此做出了卓越的贡献。孔子提出的"仁"的观念，强调"仁者爱人"，经过漫长的历史演变，已经成为中国传统文化的核心，使儒家思想在国际上独具特色。在中华传统文化中，"仁学"理念被认为是美德的典范，如"杀身成仁"。这种对"仁"的理解不仅强调对人类的爱，还延伸到对大自然的关怀，表现出广博的情感和崇高的责任感。"仁民爱物"的精神代表了儒家思想的核心，展示了古代中国人民的高尚价值观和对宇宙的深切情感。至今，中国台湾地区以及新加坡仍将"仁民爱物"的理念视为社会道德建设和人才培养的核心。在现代社会，这一思想被视为培养"友爱"精神的文化基石。

在传统文化中，"自强不息""物我和谐""社会责任感""开放包容""爱人如己"和"宽恕"的价值观一直占据重要地位。这些价值观应纳入现代大学生的道德教育中，以弘扬"仁民爱物"的核心理念，让大学生持有为社会做出贡献、与他人和谐共处的观念。鼓励大学生拓展仁慈之心，并确立"人我一体"和"物我一体"的信仰，这有助于大学生深刻认识到自身在社会和宇宙中的角色与职责。培养大学生具备"自强不息""爱人如己""为社会做贡献""开放包容"和"物我和谐"的道德素养，使他们具备正确的世界观、宽容的心态、良好的人际关系和深厚的同理心，能够妥善应对与他人、社会及自然的多方关系。因此，在构建大学生的核心素养体系时，"仁民爱物"的理念应作为一个重要部分。

（二）孝亲爱国

孝亲爱国的思想基于哲学概念中的"孝"与"亲"，代表了"仁"思想的深化发展，一直备受推崇。

"孝"的本质含义在于尊重父母和长辈。在历史上，人们将"孝"的价值观与宗法社会相结合，认为孝道的实践有助于促进家庭和谐与社会稳定。这种观念不仅是中华民族精神的体现，更是家庭成员得以团结的关键，其影响不仅限于中国，在亚欧大陆也有广泛体现。

为了深化"孝亲爱国"的理念，培养学生对家乡和国家的深厚情感至关重要。将"尊敬父母""尊重长辈""感恩"以及"热爱家乡与国家"四个理念融入教育，可以帮助学生更深刻地体会对父母和长辈的感激之情，感知家乡和国家为他们提供的滋养，进一步强化他们的民族认同感。因此，大学生的核心素养培养中必须包含"孝亲爱国"的理念。考虑到现代社会老龄化趋势不断明显，"孝"的价值理念应该得到更多的关注。

（三）重义轻利

在中华传统文化中，见义勇为一直被视为重要的价值理念。孔子对这一概念进行了深入的诠释和扩展。他提出了见利思义、君子义以为上以及君子喻于义等理念，强调人们应当按照"义"的准则行事，避免不正当的行为。对于君子而言，这是道德立身之本。此外，"义"也指向了"应当"的概念和"合乎情理"的行为。

中华传统文化将"义"视为修身养性的准则，坚信每个人都应该寻求"义"。与"利"相比，传统文化强调了"义"的优先性，反对"追逐名利"和"忘记道义"，进一步强调了"义"的精神和法律地位，将其视为体现个体价值和社会稳定的关键标志。这种思维方式对中国传统社会产生了深刻和持久的影响。它使人们从儒家伦理中获得了一种道德上的指导，从而将个人与他人联系起来。在"义"的指引之下，涌现出了大量的舍生取义和见义勇为的英勇举动，这些行为对于彰显伦理道德和社会正义产生了积极的影响。同时，"义"作为一种道德准则也成为人们日常生活中不可或缺的部分。在我国古代"义"与"利"之间的矛盾关系中，蕴含着深刻的伦理价值内涵。尤其在当前市场经济的大背景下，"义利之辨"的传统观念更加重视"义"的核心地位。在主导现代社会的市场经济结构中，"义"仍然起到了至关重要的指导作用。同时，这一精神传统还能够帮助大学生树立正确的世界观、人生观和价值观。通过培育学生的羞耻感和荣誉感，他们就能从小认识到自私和损人的思想和行为是不被推崇的。高校应持续深化学生的道德认知，使他们形成有节制的行为、分辨是非的能力，以及见义勇为的道德特质，并自觉地捍卫伦理和社会正义。

（四）诚信自律

儒家思想强调了诚信和自律的重要性。孔子将"仁"的表现看作"信"，并强调其在五德（恭、宽、信、敏、惠）中的地位。孔子还主张在各种社会活动中，如治理、用人、结交之道上应当坚持诚信。同时，他还强调用"文、行、忠、信"四科来培养学生。诚实和守信是密切相关的，前者是后者的基石和精神支柱，守信则展示了诚实的深远哲学意义。《中庸》中强调诚信为天人之道，是宇宙存在的基石。而"诚"本身旨在揭示真实无妄之义。因此，"信"和"诚"结合在一起，突显了诚实守信的核心价值。

在传统社会环境中，诚信被看作维持人际关系和社会和谐的关键。随着社会经济的发展，人际互惠关系变得日益重要，进一步强调了诚信的价值。社会主义核心价值体系在党的十八大中被明确提出，其中明确强调了"诚信"这一价值观。传统文化中以"诚"为核心的道德修养和自我反思为今日社会主义"诚信"价值观的提出提供了宝贵的参考。实际上，东亚各国在道德建设和伦理原则中，也继续强调传统文化中的诚信价值。诚信也是自律的核心，其内涵包括但不限于守信、诚实、自我约束。

（五）礼敬谦和

自古以来，中华文明因其儒家文化而享誉世界，其中"仁、义、礼、智、信"一直是其核心。历史记载显示，中华大地被誉为"礼仪之邦"，礼仪文化在不同历史时期都占据着重要地位并发挥了特定作用。从王朝初建开始，礼仪就成为国家管理和民众引导的关键原则。特别是在春秋战国时期，孔子将传统礼仪思想与"仁"的哲学理念相融合，构建了"仁"与"礼"相统一的体系。

古代统治者视礼仪为社会行为的道德纽带，认为它有助于维护社会秩序。对于普罗大众而言，礼仪代表了人的基本品质，体现为和谐、节制、尊重和谦让。儒学弘扬"仁"的理念，强调人际间的相互尊重和关怀，提倡知行合一，结合外部规范与内在精神品质，旨在培养具备中华传统优良品德的人才。因此，强调传统文化的价值、唤醒公众对道德和礼教的重视、推广社会主义核心价值观，将为社会提供宝贵的精神资源。

加强礼仪教育有助于学生领悟其中蕴含的尊敬、节制、谦让和和谐理念，将这些理念应用于日常行为中，有利于他们顺利融入社会，与他人和社会和谐相处。

二、社会主义核心价值观

《青年要自觉践行社会主义核心价值观》一书中，记录了习近平同志 2014 年 5 月 4 日在北京大学与师生座谈时的讲话，其中明确指出文化在各民族和国家中都扮演着凝聚民心的核心角色。对于中国而言，这一文化精髓显现为社会主义核心价值观，为亿万人民提供了价值导向和评判标准。党的十六届六中全会明确了社会主义核心价值体系的内容，并强调以马克思主义理论为指导，倡导以爱国主义为核心的民族精神和以改革创新为核心的时代精神。党的十八大进一步提出了指导原则，强调了社会主义核心价值观的实践在国家、社会和人民三个层面的重要性。

社会主义核心价值观已经成为中国文化软实力的一部分，作为"中国梦"的重要支撑，大学生应坚定地捍卫这一价值观。

核心素养包括知识技能、情感态度和价值观念三个方面，其中，价值观念尤为重要。大学生的价值取向直接关系到我国未来的发展方向和民族复兴梦能否顺利实现。从培养人才的视角出发，大学生的价值观的正确性将对构建社会主义和谐社会产生影响。大学生应当以社会主义核心价值观为行动指南，深化对科学知识的理解，积极地投身于社会实践活动，提升自身的专业技能和综合素质，并在社会环境中实践这些核心价值观。

深化对社会主义核心价值观与大学生核心素养体系的融合研究，是时代赋予我们的重要使命。社会主义核心价值观为大学生核心素养的发展提供了坚实基础。因此，大学生应以此为行为准则，促进自身全面发展。

三、素质教育理论

（一）素质教育理论的提出

自 20 世纪 80 年代中后期起，中国教育领域的改革呈现出蓬勃发展的趋势，吸引了人们的广泛关注，特别是素质教育成为焦点。这种教育模式的变革不仅在历史进程中是必然的，而且是构建和谐社会的关键要素，对于提升全民族整体素质至关重要。在这一新的背景下，深入研究素质教育的深远意义，同时从理论视角推动其可持续发展成为当务之急。

1978 年，党的十一届三中全会确定了党和国家的主要工作方向，标志着社会主义现代化建设的开始。1985 年，《中共中央关于改革教育体制的决定》发布，强调素质教育在培养人才中的核心地位。到了 20 世纪 80 年代末期，素质教育这一概念正式确立，教育的改革与发展目标均聚焦于提高学生的综合素质。

素质教育的目标在于培养学生的综合能力，这不仅涉及专业技能，更加强调个体健全人格的培养。因此，教育机构全面优化资源和设施，力求将课程内容与学生的实际生活经验相结合，旨在提高学生成绩的同时，使学生真正享受学习的过程。素质教育鼓励学生在自主学习中释放潜力，深刻体会知识的力量。这种教育模式能够在一个充满人文关怀的环境中增强学生的学习积极性和自信心，使学习成为个人成长和价值追求的关键路径。

（二）素质教育视域下的核心素养

从素质教育的角度来看，核心素养展现了"以人为本"的教育理念，特别注重学生认知观念的改变，这在教育领域标志着全面深化改革的显著进展。核心素养在素质教育中扮演着关键角色，体现了素质教育的内涵。核心素养的培养不仅关注已有知识的掌握，更注重对未知领域的研究和探索。以此为基础构建的评估模式有助于制定与核心素养相关的评估指标，推动教育领域改革持续向前发展。

在 20 世纪 90 年代，教育领域启动了全面的创新进程，各级政府和行政机构积极推动素质教育的研究和实践，致力于建立完善的教育体系。进入 21 世纪，党中央高度关注社会教育问题，明确了国内长期的素质教育目标，并将其确定为战略发展的核心，强调学生要重点提高实践能力、创新能力。总体而言，这不仅传承和创新了素质教育，还代表了素质教育的进一步提升和突破。

第二节　大学生核心素养的国际研究借鉴

一、美国 21 世纪核心素养的研究

随着经济全球化的推进，各国都面临着如何提升国际竞争力的重要问题。美国对于这一问题尤为重视。因此，2002 年，美国正式启动了 21 世纪核心素养研究项目。该项目的主要目标在于促进美国教育体系培养出具备应对时代变革所需的知识和技能的学生，确保这些学生在完成学业后能够满足美国职业市场的最新需求。

（一）美国 21 世纪核心素养框架

1. 以核心素养为中轴的学习体系

与世界上其他组织和国家（包括经合组织）不同的是，美国 21 世纪核心素养研究项目从一开始就建构了以核心素养为中轴的学习体系，即 21 世纪学习体系。此学习体系包括学习内容的各个领域和主题、学习成果的评价标准以及完善的学习辅助系统，如图 2-2-1 所示。

21 世纪学习体系大致划分为三个主要部分。首先是学生学习成果的内容，即

核心素养的组成要素，具体包括："学习与创新素养""信息、媒介与技术素养"以及"生活与职业素养"这三个重要领域。这三个领域重点描述了学生需要在未来的生活和职业环境中掌握的技能、知识和专业智慧。这一集合被称为"核心素养"，它是内容知识、专业技能、专业智慧和个人品质的综合体现。

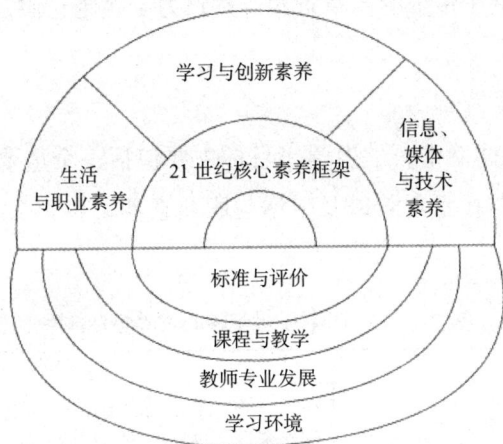

图 2-2-1 以核心素养为中轴的学习体系

21 世纪核心素养的培养与核心学科知识的掌握以及学生的深入理解息息相关。因为只有在掌握了核心学科知识之后，深刻的批判性思维和高效的沟通才能够得以实现。这一观点也在框架的第二部分，即内环的内容中得到了充分的体现。若某一学校或地区的教育以 21 世纪核心素养为基础，就需要将其整合进核心学科的教学之中。而关于如何整合的问题便又催生了一系列的支持系统。

2. "4C"新教育目标体系

针对 21 世纪核心素养的提出，必须思考如何与现行教育系统相互融合。为了响应传统的 3R（读、写、算）教育目标，21 世纪核心素养联盟特别启动了名为"超越 3R"的项目。

首先，该项目的实施者在全国范围内开展了民意调查。调查结果显示，99%的受调查者认为发展学生的 21 世纪核心素养是非常重要的；66% 的受调查者认为，学生应该具备比传统的三大基本素养更多的素养，因此学校需要将更多的核心素养整合进核心学科的教学内容之中。当然，受调查者普遍都认为，传统的读、写、算三大基本素养依然是很重要的，尤其是阅读素养。

此项目基于广泛的调研，形成了"4C"的新教育目标体系，意在超越传统的读、写、算这三大基本教育目标。2011 年，21 世纪核心素养联盟发布了动画片，旨在利用媒体更广泛地宣传核心素养。

综上所述，美国 21 世纪的四大核心素养与传统的读、写、算三大基本素养有紧密联系，它们基于传统的基本素养，并致力于超越它们，以满足学生的时代发展需求。

3.具体指标及其内涵

在 21 世纪学习体系中，学生学习目标主要包括三个重要方面：学习与创新素养，信息、媒介与技术素养以及生活与职业素养。表 2-2-1 为美国 21 世纪核心素养指标体系。

表 2-2-1　美国 21 世纪核心素养指标体系

核心素养	指标	内涵
学习与创新素养	创造力与创新	在工作场合中，展现出创造与发明的能力；提出并践行创新观点，进而使他人理解并接纳；对于创新和差异化的观点，持有开放态度并给予积极反馈；执行创新性的设想，在创新领域做出实质性的贡献
	批判思维与问题解决	能运用正确的逻辑来理解事物；能做出正确的选择和决定；能理解系统之间的相互关系；能提出有意义的问题，以澄清各种观点；能分析和综合信息，用以解决与回答问题
	交流沟通与合作	能够用口头或书面的方式，清楚有效地表达设想和观点；能展现出与不同团队有效合作共事的能力，有灵活性，为了达到共同的目标愿意做出必要的妥协；能协同工作，共同承担责任
信息、媒介与技术素养	信息素养	能有效地获取有用信息，能批判地评估信息，能有创意地使用信息处理面对的问题或事件；对信息获取和使用的相关道德和法律问题有基本的理解
	媒介素养	了解媒体信息的构成、特点和惯例，用正确的价值观看待信息而不被媒体的其他因素影响；对信息获取和使用的道德或法律问题有基本的理解
	技术素养	合理使用数码技术、通信工具和网络来管理及创建信息；将技术作为一种工具用于研究、评估信息，对信息获取和使用的道德或法律问题有基本的理解

核心素养	指标	内涵
生活与职业素养	灵活性与适应性	能适应不同的角色，能在复杂和多变的环境中有效地工作
	主动性与自我导向	能监控自己的学习需求；不满足于对本专业技能和课程的掌握；展现想要提高技能以达到专业水平的主动性；在没有直接监督的情况下能（独立自主地）布置任务、确定其优先顺序，并顺利完成；能有效利用时间、合理安排学习
	社会与跨文化素养	能与其他人和谐高效地工作；能适时地利用集体的智慧；能接受文化差异
	创作与责任	能按时完成高质量的工作；具有积极的工作态度
	领导与负责	通过人际交往和解决问题，影响和引导他人朝着目标努力；富有责任心，铭记社会的总体利益

必须指出，这些核心素养的习得必须依赖于核心学科与 21 世纪主题（见表 2-2-2）等具体内容的学习。因此，21 世纪核心素养联盟对核心学科及 21 世纪主题也进行了具体的界定和说明。

表 2-2-2　核心学科与 21 世纪主题

项目		具体内容
核心学科		英语、艺术、数学、科学、地理、历史
21 世纪主题	全球意识	1. 以互相尊重、开放的态度，对待个人生活；能与不同文化背景的人合作并向其学习 2. 理解异国文化，包括学会应用外语
	理财素养	1. 懂得如何做个人的理财选择 2. 理解经济在社会中的地位 3. 运用创业素养来提高职场的竞争力
	公民素养	1. 通过了解和理解政府的工作流程来有效地参与公民生活 2. 行使及履行地区、州、国家和国际等层面上的权利和义务 3. 理解公民决策在本土与国际上的应用

项目		具体内容
21世纪主题	健康素养	1.获得、解释和理解基本的健康信息和服务，并懂得运用这些信息和服务来增进个人健康 2.懂得身体和心理的保健措施，包括合理节食、锻炼、躲避危险和释放压力 3.运用可用信息以做出恰当的确保健康的决策 4.建立并监控个人与家人的健康目标 5.了解国家与国际上公共卫生与安全的问题
	环保素养	1.了解和理解有关环境及其影响因素的知识，尤其是与空气、气候、土壤、食品、能源、水和生态系统等有关的条件 2.了解和理解社会对自然世界的影响（如人口增长、人类发展等） 3.调查和分析环保问题，并提出有效的解决方案 4.为了应对环境危机而采取个人和集体层面的行动（如参与设计鼓励环保行动的方案等）

（二）美国21世纪核心素养研究的启示

1. 整合各界的力量，成立专门研究组织

美国21世纪核心素养研究项目得到了顺利推进，这得益于美国教育部和两党国会的政策支持以及财政援助。与此同时，大型企业和机构的支持也发挥了关键作用，此外，还有专业的研究组织和团队积极参与其中。这一成功模式对国内具有借鉴意义：在政府领导下，建立强大的研究团队和机构，同时积极邀请对促进教育发展充满热情的企业参与。

2. 从多群体的调查中筛选核心素养

根据对职业技术教育、企业以及公众的调查数据，21世纪核心素养联盟确立了四个核心素养，即"交流""合作""批判思维"和"创造力"。在此基础上，为迎合信息化时代的特点，该联盟进一步引入了"信息、媒介与技术素养"，并考虑到时代需求，融合了"生活与职业素养"。鉴于核心素养与学习内容之间的关系，该联盟还进一步整合了"核心学科"与"21世纪的主题"。在明确定义这些素养的过程中，该联盟主要采用了调查方法，这种方法具有明显的优势，因为它包括了众多受调查对象，而且数据处理与分析也相对便捷，这一方法具有可供借鉴的价值。

3. 核心素养研究在实践中不断深化

需要注意的是，21 世纪核心素养的培养不是在完善之后再实施，而是在不断推进的过程中持续加深。由于这些素养更具抽象性，它们的实际应用需要与具体的学科和主题相结合。

4. 基于核心素养拓展学习内容

21 世纪核心素养联盟除了强调三大核心素养之外，还特别提出了五个 21 世纪的重要议题，包括全球意识、理财素养、公民素养、健康素养和环保素养，以帮助学生更好地适应 21 世纪的生活环境。其中，以维护国家利益和促进民族发展为目标的公民素养是最基本、最高级的一个层面。为了真正习得这些素质，学校教育不仅专门设置了主题学习活动，还将这些议题整合到了核心学科的教学之中。在构建核心素养的评价指标体系时，应当深入思考这些指标体系可以通过哪些具体的学习内容来具体实施。

5. 在继承传统的基础上创新

随着 21 世纪核心素养研究项目的逐步展开，21 世纪核心素养联盟更加深入地研究了 21 世纪核心素养与传统基本素养之间的关系，以确保在继承传统的同时，实现创新和提升。在 21 世纪核心素养的推动过程中，一直将融合 3R 与 4C 作为核心工作内容，这是一个备受关注的重要方向。我们必须认识到，研究适应时代需求的核心素养，不能脱离实际，必须基于现有的教育改革成果。

二、英国核心素养的研究

作为一个资本主义工业先进国家，英国拥有历史悠久的教育传统。其教育体系经过数百年的演化，已经变得相当完善和复杂，表现出了高度的适应性。英国早早开始了对核心素养的研究和调查，并广泛地将这些研究成果应用于教育的各个领域，如课程改革、学制调整和职业教育的改进等。与其他国家和地区相比，英国在核心素养研究方面表现出了明显的前瞻性和成熟度。

（一）英国核心素养体系

在英国，核心素养内容的发展经历了漫长的历史过程。1989 年 11 月，英国产业联盟发布了文档《通向技能革命》，详细内容如图 2-2-2 所示。

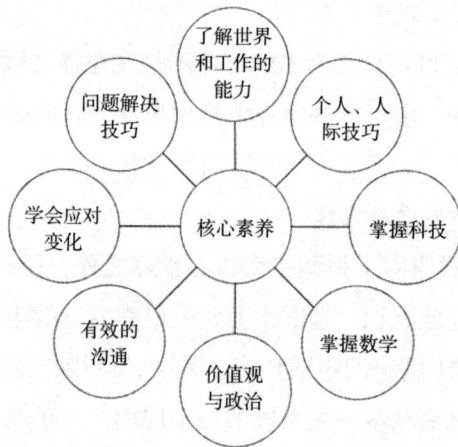

图 2-2-2 《通向技能革命》的核心素养内容

《迪林报告》于 1996 年发布，对关键能力的发展产生了深远的影响。该报告将社会政治哲学、经济需求与课程改革紧密结合，既突显了社会经济的迫切需求，同时也注重个体的需求，相关内容如图 2-2-3 所示。

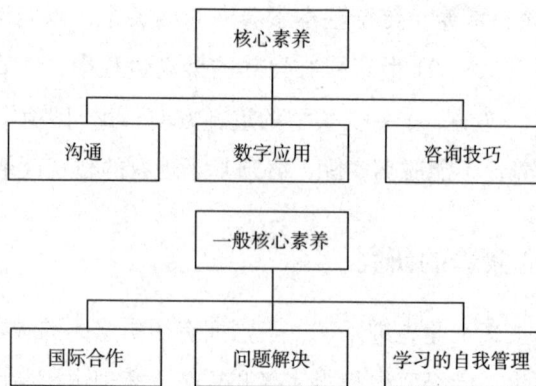

图 2-2-3 《迪林报告》的核心素养内容

之后经过长时间的演变，才形成了当下英国的核心素养内容体系。

至 2003 年，英国发布了《21 世纪核心素养——实现潜力》，其中详尽界定了学生需具备的核心素养。这一范围包括六大领域：沟通、数学、应用信息技术、协同合作、提升自主学习与实践、解决问题的技能。这些核心素养还进一步分解为不同的能力层级，以交流技能为例，详细内容如表 2-2-3 所示。

表 2-2-3　交流技能的不同级别

级别	交流技能	内涵
一级水平——运用交流技能处理简单的问题和书面材料	参与讨论	围绕主题，发表相关的见解，合理选择发言的时机和表达的方式
	阅读并获取信息	从所读内容中获得启示，可借助字典掌握所读内容，不管是文字材料还是图像资料，浏览后均能抓住要点，只有当无法理解所读内容时才能向他人请教
	书写	运用不同的格式表述信息，发挥图表的作用，使之为读者加深对要点的理解提供帮助；筛选符合需要的信息，拟定、校对、修改文本，清楚、准确地表情达意
二级水平——运用交流技能处理简单的问题和主题广泛的材料	积极投入讨论	讨论时所用词汇、语句丰富多彩；根据不同情况及时调整自己的位置、作用；向别人表明自己认真倾听的态度，对所听给予适当的反馈
	阅读和概括信息	一方面，利用各种资源获取相关信息，浏览资料、了解内容概要；另一方面，把握作者的意图、内容的要点，并概括出服务于不同目的的信息
	书写	用不同的文体表达书面信息，书写的内容结构严谨，使读者易于跟上思路和理解
三级水平——运用交流技能处理复杂的问题和主题广泛的材料	在讨论中发挥作用	讨论中随自己的意图、场景的改变而改变参与讨论的方式和时机，反应敏锐；善于提出不同的看法或新的观点，学会抛砖引玉，鼓励人人为讨论做贡献
	进行陈述	设计语言和格式，使之符合主题的性质、场合的特点和听众的兴趣；陈述时，重点突出、表达流畅、语言精练、体态得当，巧妙运用演说技巧吸引和打动听众
	分析和综合信息	借助于特定的参考资料资源，加深对某些文本和图像的理解；比较各种陈述，理论观点和可能存在着的偏见；根据特定目的分析、综合信息
	拟定不同类型的文本	书写时根据意图恰当地选择表达信息的方式，根据场合的正式程度和主题的性质，选择不同的风格，协调一致地组织各种资料
四级水平——在平时，能运用交流技能满足工作和学习的需求	有策略地应对	策略方面包括寻找在较长时间内运用交流技能的机会，辨别希望取得的结果，了解相关信息源，为达到一定的目的而研究信息；规划和设计自己的运用行为
	检验、反思进步	评价从与别人的讨论中和参考资料中获得的信息，区分可能存在的偏见和不准确的信息；在了解各种论点的基础上，对信息进行综合；以符合自己意图的方式就复杂的问题交流相关信息，在小组讨论中起领导的作用，加强操控和评判性反思
	评价策略，展示成果	组织并明确地提供相关的信息，用比较、举例、图表等形式完善自己的发言；用丰富的词汇和多种语法手段达到更好的效果，对策略的效果进行评估

（二）英国核心素养研究的启示

1. 与时代和世界接轨

英国的核心素养一直在不断地进化和完善，无论在哪个历史阶段发生变化，都致力于与当代社会保持同步，以适应时代变迁和全球发展的趋势。英国政府非常重视核心素养的培养，从国家政策上加大了对学生学习兴趣以及实践创新能力的重视程度。

2. 连接教育课程

英国政府高度重视核心素养的培养，核心素养在整个教育课程中扮演着不可或缺的角色。核心素养的培养并不是一个孤立的课程体系，它在每一次的课程改革中都有所体现，课程教育与核心素养的培养紧密相连，而核心素养的培养对于社会的进步和发展起到了至关重要的作用。

随着社会的持续进步，教育也需要同步进行相应的改革。如何更好地推进素质教育，实现人的全面发展是每个教育工作者必须思考的问题。人才是最宝贵的资源，培养学生的创新意识、创新能力是非常重要的。

三、日本核心素养的研究

自 20 世纪 90 年代末起，日本开始重视学生的核心能力，也就是他们在信息化社会中的适应能力。在这样的背景下，传统的应试教育模式已经不能满足社会的需求。因此，日本实施了多项教育体制改革的措施。其中之一就是重视学校课程中的人文素质教育。随着 21 世纪社会和时代的迅速变迁，人才的需求量随之扩大。在这样一个时代背景下，学校也要顺应潮流不断革新以应对未来社会的各种变化。借鉴先前教育改革的成就和国际经验，日本在 2009 年发起了一项新的课程改革基础研究项目。

（一）日本 21 世纪型能力的基本框架

日本的"教育课程编制基础研究"团队首先系统地研究了全球各大组织和地区在教育改革中所提出的核心素养指标。经过深入的比较分析，这些核心素养被划分为基础素养、认知素养和社会素养三大类。日本的内阁府、福利劳工部、经济产业部以及文化教育部也在各自的领域对人才的核心素养进行了深入研究，并提出了人才选拔的明确标准。

基于这些研究，"教育课程编制基础研究"团队进一步整理了相关的教育与学习理论，涵盖上述的三大方面。该团队一致认为，要在基础教育的基础上继续强化教育，从各方面提高教育目标。就日本目前的教育情况来看，教育政策应做出一定改变，人们要具备"能在 21 世纪生存下去"的基本能力，这种能力被命名为"21 世纪型能力"，具体结构如图 2-2-4 所示。

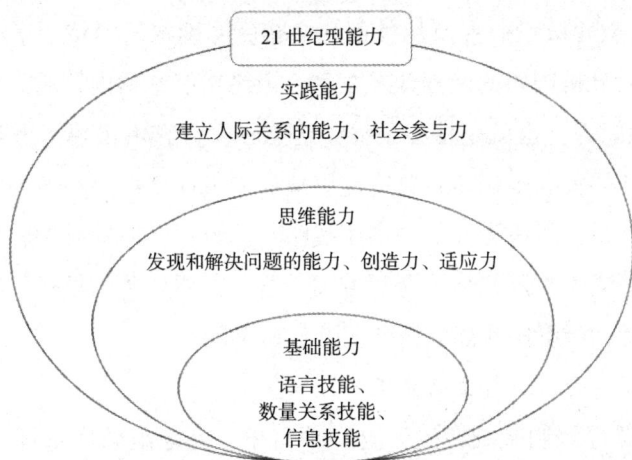

图 2-2-4　21 世纪型能力

第一，思维能力居于 21 世纪型能力的核心地位。具体来说，这种思维能力主要体现在每个人的思维都不相同，当人们之间互相交流时，都会把自己的想法和别人进行对比，在对比过程中产生新的观点，从而形成新的、更好的方式来解决遇到的问题。思维能力不是单一的能力，它是由很多能力共同构成的。

第二，思维的支撑关键在于基础能力，这涵盖了通过掌握语言、数字和信息技术来实现既定目标。在当前社会信息化飞速发展的背景下，为了更有效地在社会中发挥作用，除了具备阅读、写作和计算能力外，获取和处理信息的技能也至关重要。这些技能不仅可以替代传统的计算和记忆方法，还能够弥补在阅读、写作和计算方面的不足，从而为思维提供有力支持。

第三，在 21 世纪的能力体系中，实践能力至关重要。这种能力主要是指在真实的社会环境中，在遇到问题时人们能够根据所掌握的知识筛选出最合适的解决方案，然后将这些解决方案分享给社会。这种解决问题的方式并不是盲目或单一的，而是在广泛的知识中寻找最合适的方法，与他人共同讨论，从而认识到实际交流的重要性。所以，在当今这个时代里，培养学生具备适应未来社会发展所需的核心素养至关重要。

（二）日本21世纪型能力研究的启示

1. 根据核心素养研究编制课程

2009年开展的关于核心素养的研究项目被正式命名为"教育课程编制基础研究"。日本国立教育政策研究所从其创立之初就明确将培养核心素养作为课程改革的根本。随后分析国内的课程开发案例，最终在借鉴国内外的经验后，正式提出了21世纪型能力，也就是核心素养。这意味着，它不仅要考虑到学生对知识技能的掌握，还要关注他们是否具有能够适应未来社会需要的各种关键品格和综合能力。这也使得其最终形成的"国家战略"具有更强的针对性和可操作性。日本已经根据核心素养重新构建了课程方案，这包括调整课程目标、修订课程内容和改革教学活动，所有这些都已经提交了草案或案例。

2. 重视实践经验，进行案例分析

在"教育课程编制基础研究"这一项目里，课题组高度重视中小学在课程开发方面的实践经验。"开发案例工作组"团队主要由各个县市的教育局负责人、研究专家以及各级中小学校的领导构成。为了更好地开展这一工作，课题组还专门成立了一个案例研发小组。通过对相关案例进行归纳、分类和提炼，形成了一套具有一定可操作性的校本教材。

第三节　大学生核心素养体系的基本内容

一、专业素养

（一）合理的知识结构

在当前迅速发展的经济时代里，高等教育的进步直接影响着国家对专业人才的培养水平。这一经济时代对知识的发展至关重要。为了培养各领域的杰出人才，

需强调 T 型和十字型人才的培养。这两种知识结构不仅构成了理论知识的基础，还有助于形成跨学科、多学科的知识体系。

这类专业人才与传统工业经济时代的人才存在明显差异。他们的特点在于掌握各个领域的基础知识，深耕于自己的专业领域，并能够应用知识来解决实际问题。这种知识体系可被视为大学生知识结构的核心。如果将其比作建筑，这部分知识就像建筑的基础，缺乏它将影响整体结构的稳定，也无法建立高层建筑。因此，专业学科知识结构的深度也反映了大学生的基础知识是否扎实。这种专业学科知识对学生未来的职业发展具有决定性影响，它就像建筑的关键原材料，是不可或缺的一部分。

（二）基础知识

大学专业课程教育构成了培养专业应用人才的核心。各个专业所需学生掌握的知识各不相同。基础知识涵盖了学生需掌握的基本理论概念、基本技能及其应用方法等。在这之上，专业学科的知识应逐步加大其难度与深度，以助力学生的专业成长。此外，基础知识还应覆盖自身专业中的其他学科基础。

基础知识的功能可分为三大类。首先，使学生明确知识的概念、定义及其应用规律；其次，持续更新知识并拓宽其深度，从而提升学生的专业技能；最后，培养学生的思维方式，适时调整知识结构，确保其能够灵活应用所学。由于大学课程繁杂且课时有限，教师授课时可能遗漏部分内容，这可能导致学生在未来的职业生涯中遇到难以处理的问题。因此，高校在帮助学生构建基础知识框架时，应筛选出更具针对性的知识点，以增强学生的问题解决能力。反之，若基础知识欠缺，且难以接受新知识，学生的综合能力便会受到影响。因此，确保学生掌握丰富的基础知识并培养其长久的学习能力至关重要。

（三）科学精神

培养科学精神在人才培养中扮演着至关重要的角色。唯有提升科学精神水平，才能确立更准确的价值观。当然，这一切都倚赖于知识文化的积淀。科学精神反映了人类对生活和事物的深刻理解，它代表了人类的自然认知和研究成就的升华。

拥有科学的思维方式，个体可以最大限度地挖掘自己的潜力，从而更有效地改变这个世界。在当代社会中，科学技术已经成为推动经济发展与社会进步的重要力量之一。在将来的社会中，更倾向于强调科学精神和深厚的专业知识。科学精神与科学知识密不可分。人类的思维追求实际上是精神与物质需求的融合。其中，科学精神起到了不可忽视的作用。

二、人文底蕴

（一）审美意识

审美意识在某种程度上反映了人的心理构造，它可以被视为一种客观的认知方式。审美意识与人格之间有着紧密关联。在青年阶段，个体的意识逐步形成，并在成长过程中保持相对的稳定性。这一时期的个体，其审美观念和价值取向都会受到影响而产生变化。

审美情趣反映了在审美活动中的心理反应，也可称之为审美心理倾向。在不同的历史背景下，不同的审美心理倾向会出现，因此审美心理倾向可被视为时代的象征。一个人的审美情趣不仅揭示了其审美意识的成熟程度，还能洞察到其对生活和价值观的看法。培养大学生的审美意识不仅可以提升他们的综合素养，还有助于他们以适当的视角和心态融入校园和社会。

（二）现代文明习惯

大学生的现代文明习惯对于塑造他们的全面人格至关重要。通过教育机构实施现代文明习惯的培养，有助于深化大学生对这些习惯的理解。

教育机构的责任在于培育社会所需的高品质、高素质的人才。大学生只有在道德水准高、行为得体的情况下，才能满足社会的需求。在竞争激烈的大学生市场中，道德素质的优劣将直接影响未来。因此，高校应该不仅专注于提升学生的专业技能，还应该致力于培养他们的文明习惯。我们希望大学生能够成长为高素质、品行端正的个体，学校应在校园生活中引导他们逐步养成文明习惯，从而协助他们纠正不当行为，提高整体素质。

（三）国际视野

21 世纪，全球竞争的紧迫性逐渐增强。外资大规模涌入以及中国对外投资不断扩大，这进一步增大了国家对国际通用型人才的迫切需求。因此，全面培养大学生的国际视野成为至关重要的任务。

国际视野，即从全球角度审视国际社会、世界历史，客观评估本国在国际舞台上的地位，这一理念在经济全球化时代涉及个体的多维素质、知识和技能。

为了适应经济全球化趋势，必须强化大学生的国际视野培训和国际意识塑造。国际视野已经成为大学生核心素养中不可或缺的一部分。

三、自主学习

（一）改善学习方法

在知识经济时代，学习观念以及学习内容等方面都经历了明显的改变，这使得构建科学的学习方式变得尤为关键。对于高校学生而言，有必要调整传统的学习方式，以提高学习效率并达到既定的学习目标。简言之，学习方法应包括各种能够显著提升学习效率的步骤和活动。高校学生在入学后需要实现从中学学习方式到大学学习方式的转变，以适应高等教育的特点。

优化高校学生的学习方法时，应考虑四个关键原则。首先是综合性原则，这涉及必要的筛选和整合，对各种学习方法进行合理的分析和选择。我们需要总结以往有效的方法，改进其中不合适的部分。其次是迁移性原则，因为相对于中学，大学的学习具有更强的迁移性特点，涵盖了学习内容、时间安排以及学习心态的改变。再次是个性化原则，尽管高校学生的学习目标和内容有一定的共性，但每个学生的学习动机和心理状态都是独特的，因此，优化学习方法应根据个体差异进行。最后是前瞻性原则，鉴于现代社会信息技术的迅速发展，学生不再局限于课堂学习，他们的课外和校外学习机会不断增多，终身学习的理念日益深入人心，因此，高校学生需要摒弃传统思维，全面考虑信息时代的特点，并从更广泛的视角来理解学习方法的演变。

（二）树立终身学习意识

21世纪被誉为教育和终身学习的时代。对于"终身学习"的定义，按照·夸美纽斯的观点，可以看作一个贯穿生命始终的学习之旅。这一过程不仅关系到成年人的生活，还涉及专业成长和职业技能的提升。相关研究数据显示，那些持续学习并保持思维活跃的个体更不容易受到阿尔茨海默症和老年痴呆症的影响。在词典中，"学习"是一个非常重要且常被误解的术语。

因此，高等教育需要明确其教育目标，注重培养大学生的终身学习能力。确保学生持续地保持主动学习的激情，这对于他们自我成长至关重要。从这个角度来看，大学被视为培养学生终身学习能力的关键时期。大学生应将马克思主义理论作为思想指导，以适应时代需求，树立正确的三观。除了智力发展，还需注重身体锻炼，以保持充沛的精力，为未来的成长奠定坚实的基础。

四、健康生活

（一）身体健康

健康对于人类的生存、发展具有至关重要的影响。根据马克思的观点，个体需求是驱动行为的核心动力，而这些需求既包括物质需求，也包括精神需求，只有满足了这些需求，才能激发积极的行动。

适度的体育锻炼被认为是维持健康的关键。当代大学生正处于生命发展的关键时期，拥有良好的身体状况是至关重要的。健康的身体为学习提供了坚实的基础，只有在身体健康的情况下，学生才能有效地面对学业中的各种挑战。因此，高校应该高度重视大学生的健康教育，以帮助他们养成定期锻炼的习惯。拥有健康的身体意味着有更多的精力和体力来面对繁重的学业，并能以充满活力和自信的态度迎接未来的挑战。此外，高校还应该关注学生的心理健康，建立机制来增强他们的心理承受能力。

（二）心理健康

心理学家英格里希指出心理健康是指一种持续的心理状态，当事人在那种情况下，有良好的适应能力，并能充分发挥其身心潜能。[①] 心理健康指的是个体能够维持健康的世界观，协调心理活动，与社会环境相适应，平衡内外因素，提升生活质量，塑造完整的人格，保持积极的心态和充沛的活力。大学生通常年龄在18 到 25 岁之间，代表着青年期的阶段特点。然而，不能简单地将他们看作一般

---

① 孙素珍，谢旭光. 心理与精神护理 [M]. 郑州：河南科学技术出版社，2008.

社会青年，因为他们具备独特的特征。随着社会竞争愈演愈烈和不利信息的传播，大学生心理问题逐渐增多，特别是在人际交往以及情感关系方面。

毛泽东同志曾经对留苏的中国学生说："世界是你们的，也是我们的，但是归根结底是你们的。你们青年人朝气蓬勃，正在兴旺时期，好像早晨八、九点钟的太阳，希望寄托在你们身上。"[1] 当代高等院校学子拥有先进的科学文化知识和前沿技术，被认为是未来劳动力的代表。他们具备积极的思维、充沛的精力，表现出旺盛的朝气，这一群青年是国家未来的建设者。对大学生的心理健康教育远不仅仅是为了应对他们的心理问题，它对于和谐社会的建设也具有深远的意义。从更广泛的战略角度看，大学生心理健康教育涉及国家未来的走向。

（三）情绪稳定

情绪对健康、工作效率以及人际交往都具有深远的影响。积极的情绪有助于维护身心健康并提高学习效率。心理健康的大学生通常在大多数情境下都能保持乐观、积极的态度，对待生活和未来充满信心。虽然他们也会经历负面情绪，如伤心、担忧、生气或害怕，但他们能够有效地管理和及时调整这些情感，适当地表达，迅速恢复到正常状态。他们遵循"喜怒有度"的原则，既不过分陶醉于欢乐，也不过度沉湎于忧虑，既不因成功而傲慢，也不因失败而气馁。

情绪的稳定性被广泛认为是现代人格的关键特征，这不仅体现在个人气质上，也涉及其心理健康状况。情绪主要分为稳定型和不稳定型两种。稳定型情绪意味着能够有效地管理情感，使其保持在适度的范围内。相反，不稳定型情绪表现为情感波动大，难以预测。大学生正处于年轻时期，情感经历多样，心理状态容易波动，容易受情绪困扰，这可能会干扰他们正常的生活轨迹，甚至对身心健康产生不利影响。

五、责任担当

（一）国家认同

在 20 世纪 50 年代，列文森在他的著作《梁启超与中国近代思想》中首次提

---

[1] 夏佑新，王颖. 毛泽东指点成才之路：毛泽东励志格言精选 [M]. 湘潭：湘潭大学出版社，2011.

出了国家认同这个概念。到了 20 世纪 70 年代，这一概念在政治学领域得到了广泛认可。国家认同描述了确认自己所属国家及该国家属性的心理过程，它深刻反映了对国家主权、道德价值、政治和文化传统的认同，展现了民族之间的强大凝聚力，对国家的生存和发展起到了关键的作用。一旦确立了国家认同，它将表现出稳定和传承的特点。

大学生作为国家非常重要和杰出的人才资源，代表了经济社会发展的新生力量。从这个角度来看，一个国家或民族的未来发展方向与大学生的国家认同密切相关。对于大学生来说，国家认同不仅是他们政治成长的方向，还代表了他们的集体归属感，为他们的精神成长提供了持续的动力。

（二）社会责任

在社会中，各种责任层出不穷，尤其是社会责任至关重要。对于现代劳动者来说，拥有社会责任感是至关重要的。在当前环境下，注重培养大学生的社会责任感至关重要，这不仅有助于增强他们的社会责任感，还可以激发他们的时代精神和民族情感，从而为国家建设贡献力量，增强风险意识。

对于大学生来说，承担社会责任是传承民族与时代情感的基础。大学生为了实现新时代的人生目标，需要在多个方面努力，包括技能、诚信和社会责任感等方面。坚定的社会责任感可以确保个人信誉，保持言行一致，满足他人期望。因此，培养大学生的社会责任感是高等教育思想创新和变革的核心，不仅有助于推动高等教育的全面发展，还能展现其独特的社会价值。

（三）问题解决能力

目前，我国的教育体系高度重视学生的问题解决能力，无论是在思想理论方面（如思想政治和历史学科），还是在实践操作领域（如物理和信息技术等学科），都注重培养学生的问题解决能力。

对于大学生而言，培养问题解决能力以及深化高级专业技能和创新思维，构成了他们成长过程的核心。这也是全面提升大学生素质和综合能力的关键因素。研究表明，加强大学生的问题解决能力和压力管理技能培训，可以有效帮助他们减轻压力、预防抑郁。

随着市场经济的持续发展，当代大学生需要进一步加强自我探索、提高问题解决能力，只有这样，才能跟上时代的步伐，为我国的现代化建设做出贡献，进而为实现个人抱负和理想奠定坚实的基础。

（四）法律与规则意识

大学生应当具备强烈的法律和规则意识，这是他们应具备的基本品质之一。大学生对法律的认知包括对法律的理解、评价和尊重，是一种深层次的心理体验。与此同时，规则意识则关涉大学生对规则的认知水平以及他们是否愿意遵守这些规则。

大学生要想成为合格的社会成员，他们首要的任务之一就是认同、尊重并主动遵守法律法规，这也是他们成为全面发展的人才的基础。在当前国家致力于弘扬法治精神的背景下，更应重视培养大学生的规则和法律意识，以确保他们具备出色的法律素养、规则认知和思想道德品质，为未来培养更多杰出人才奠定坚实基础。

六、实践能力

（一）创新创业

创新创业融合了创新和创业两大要素。创新强调独创性和探索性，而创业则强调实践和实际行动。简而言之，创新被认为是创业的基础，而创业是对创新精神的进一步体现。

对于当代大学生而言，培养创新创业精神具有极其重要的意义。选择创业可以有效缓解由于大学毕业生增多和就业机会减少而带来的就业压力。培养创新创业精神可以使大学生具备开拓精神和追求创新的态度。毫无疑问，当代大学生普遍具备灵活的思维和坚实的知识基础，他们注重个性和独立性，呈现出明显的创新创业特质，其中也涌现出了不少杰出的创新者。然而，必须强调的是，迈向创新创业的道路充满了挑战，拥有自主和不屈不挠的精神是取得成功的关键要素。

（二）团队合作

杰克·韦尔奇一直高度重视团队的价值，他坚信只要拥有一个强大的团队，就能够创造更为辉煌的业绩和成就。这一观点在当今社会和职场环境中仍然具有深刻的启示意义。团队合作能力已经被广泛认为是现代大学生必备的关键技能，这一关键技能甚至超越了计算机等专业技能。

当下，社会正处于一个知识经济迅猛发展的时代。社会对于人才的需求越来越多元化，不再仅仅注重个体的技术能力，而更加关注团队协作的能力。许多企业在招聘时都特别重视候选人的团队合作能力。因此，可以毫不夸张地说，团队合作能力已经成为现代大学生成功融入职场、提高就业率的关键因素之一。

为了确保大学生能够在职场上取得成功，需要全面加强他们的团队合作意识的培养。这包括加深他们对团队协作的理解，巩固他们的宏观观念，以确保他们能够有效地适应不断变化的职场环境。具备团队合作能力的大学生将能够积极参与团队活动，共同解决工作中的复杂问题，同时优化团队内部的协作方式，从而不断提升团队的创新能力和适应环境的能力，展现出集体的力量。这种集体力量在现代职场中至关重要，因为它能够推动团队取得更大的成就，并在竞争激烈的环境中脱颖而出。因此，培养团队合作能力对于现代大学生来说至关重要，不仅有助于他们的个人职业发展，还有助于社会和企业的长期繁荣。

（三）社会参与

大学生的社会参与不仅是对国家政治、社会、文化的了解和认知，更是一种积极的实际参与态度。这种参与不仅体现在政治和经济领域，还包括了个人生活和文化交流等多个维度。社会参与具有多层面的价值，既可以丰富个人的生活经验，又能够将所学知识付诸实践，从而全面提升个人的综合素质。

对于大学生来说，深刻理解个人与社会之间的互动关系至关重要。他们需要树立正确的人生观，运用辩证思维审视历史唯物主义。必须明确个人与社会是不可分割的整体，并认识到其中潜在的矛盾。人是社会的产物，没有社会，人类将无法生存。要追求真正的自由，社会文明的不断推进是必要的前提。因此，大学生应该树立正确的人生观，时刻将集体利益置于首位，并在为社会贡献自己的力量的过程中实现自己的人生价值。他们需要持续不断地提升个人技能，增强社会参与意识，积极抓住各种机会，深入了解国家和社会，提高个人能力和品德素养。这样，他们将更好地融入社会，积极参与社会建设，并为社会的不断发展进步贡献自己的力量。这种积极的社会参与不仅有益于个人成长，也有益于整个社会的繁荣和进步。

第四节　我国大学生核心素养的培育现状

一、大学生核心素养仍存在问题

（一）价值观方面

1.政治意识不足

大学生逐渐朝着成熟的方向发展，然而，由于在思想理论方面的学习不足，他们的经验有限，对问题的深刻洞察力有所不足。一部分大学生缺乏明确的政治意识，这对他们的政治立场稳定性产生了影响。还有一部分学生责任意识不足，特别是在行为态度方面存在一些偏见。这些情况不仅对大学生的健康成长构成了障碍，还对他们的全面发展产生了负面影响。

2.易受网络不良信息的影响

互联网以其出色的速度和便捷性，已演变成一个威力非凡的传播工具，成为当今信息传播的主导渠道。大学生成为互联网的主要用户，互联网在大学生的生活中扮演着重要角色。然而，网络中的消极文化也在侵蚀着大学生的思想，而传统的思想政治教育似乎与网络信息的多元与开放特性相脱节。由于大学生在信息筛选上存在盲点，他们很可能受到误导，难以形成正确的价值观。

（二）创新能力方面

当今时代，部分高校学子在校园中过分聚焦于学术知识和职业前景，这使得他们在实际操作方面显得有些不足，而且在创新方面也存在不足之处。尽管对于创新的理解逐渐深化，但部分学生仍局限于理论层面，缺乏实际行动，同时缺乏持续的事业追求。

在熟练掌握相关专业知识后，结合实践经验进行深入思考，方可激发创新思维。丰富的实践经验被视为培养创新能力的核心要素。然而，由于部分大学生对实际操作和创新意识缺乏重视，同时存在思维训练的不足，创新能力的培养过程面临着一些挑战。

当今大学生的创新能力是其综合素质的核心。全社会都应采取相应策略，优先培养他们的创新能力与意识，并为此创设良好环境。知识的深度和广度均是创新的基石，只有拥有足够的知识储备才能达到真正的创新。尤为关键的是，大学生需要具备出色的实践操作技能，这能促进他们对知识的应用。

二、问题背后的原因

（一）价值观方面

1. 大学生价值观培育不够充分

当前，高校大学生的核心价值观培养问题亟待改善。部分高校似乎在推进人文理论教育方面存在一些不足。尽管存在思想政治理论课程，但"实用主义"思潮似乎占据主导地位，对学生的核心价值观教育产生了一定的冲击。同时，大学生价值观培养的内容和方法相对传统，缺乏多样性，这使得人们在反思教育效果时感到有所不足。此外，从事价值观培养的教育团队结构也值得审视，是否能够满足大学生思想政治教育的多样需求？思政课教师可能不太熟悉学生的日常生活，而专门从事学生日常管理的工作人员则可能对相关理论知识了解得不够充分。再者，目前的教学评估机制存在一些问题，可能会降低教育工作者的积极性。尽管高校应当是价值观培养的核心场所，但反馈数据似乎表明其效果有待提高，学生的理论学习似乎停留在表面，实际参与度不高。关键问题在于大学生的价值观教育似乎缺乏实际操作环节，导致其显得过于抽象。

2. 信息多元化与经济全球化对价值观塑造的冲击

随着现代国际态势的演变，包括信息的国际化、经济的全球化以及政治的多极化趋势，价值理念也发生了相互融合的趋势。这种价值观的多元性已经逐渐成为国内经济与社会变革的显著特点。开放政策与社会的进步显然表现为价值观的多元化愈加明显。外部文化和意识形态的引入，对国内的价值观带来了明显的冲击，年轻一代部分群体因此而受到不良影响，尤其是他们的价值观塑造。在市场经济的变革过程中，外来思想的渗透导致一些群体放弃了国内传统的道德观，尤其是高校大学生群体，在价值观塑造阶段最容易受到这种影响。

3. 信息时代滋生的负能量影响

数字化信息传播已经成为一种常态，许多人群正在通过互联网获取大量信息，实现了迅速互联。然而，网络用户之间的信息传递加速了多样化的价值观趋势，这在无形中塑造了大学生的价值观方向，对其理想、信仰以及行为产生了不同程度的干扰。特别值得注意的是，当代大学生在成长过程中，可能很难对信息进行全面而准确的评估，也不容易区分复杂的信息内容与负面的价值观。因此，当代大学生很容易受到负面价值观的冲击，从而影响其核心价值观的培育。在这个信息爆炸的时代，人们必须更加警惕，确保数字化信息传播不会对大学生的核心价值观产生负面的影响。

4. 大学生自身的主观障碍

在高校阶段，大部分大学生的生理与心理仍然处于一个不完全成熟的阶段。尽管他们可能拥有丰富的学术知识，但由于社会时刻在变革，他们的思想意识可能会发生剧烈的变动。这种变动可能导致他们在思考和判断上缺乏理性，更倾向于追求务实的价值观，并显示出较强的利己和自我意识。这种态度可能使他们在面对竞争时，难以将个人的理想与国家社会的大方向相结合，从而导致主观的误判。

（二）创新能力方面

1. 大学生创新能力培养滞后

创新被认为是国家发展的核心推动力。为确保国家持续前进，无论在经济、政治还是文化领域，都必须培养具备创新能力的人才。然而，当前部分高校主要注重应试，这导致大学生的个人理想与社会现实之间存在脱节现象。受到教育方法陈旧和体制存有缺陷的限制，部分大学生通常未能全力培养自身的创新能力。因此，尽管一些大学生具备创新和创造的潜力，但由于分散过多精力于其他事务，他们的创新潜力未能得到充分发挥。此外，当前部分高校在创新机制方面存在不足，其宏观策略并不完善，这进一步影响了高校整体的创新环境，对社会创新机制也带来了不利影响。

2. 创新实践能力培养不够充分

创新被认为是推动全人类进步的核心动力。为了推进国家的快速变革，以确保在国际舞台上具备竞争优势，党和国家高度关注激发现代大学生的创新潜力。因此，国家相关机构已经采取了一系列策略，以支持和激励大学生积极参与创新和创业活动。然而，需要注意的是，大学生创新潜力不足通常源于创新实践能力的不足，这在以下几个方面得以体现。

教育观念尚未得到更新。在如今这个充满激烈竞争的社会环境下，创新和创造性思维变得至关重要，能确保找到自己的立足之地。为了适应社会进步和时代发展，培养具备创新能力的人才变得至关紧要。这需要建立完善的创新教育培养机制，持续改进教育课程，以促进创新型人才的成长，推动创新教育的蓬勃发展。因此，制定一个与之相匹配的创新教育体系显得极为重要，旨在激发学生的创新精神，培养他们的创新和创造能力，确保他们全面成长。但在构建创新型教育体系时，不应仅考虑技术性，还应深入思考其在社会中的实际作用。

近年来，随着社会变革的加速，教育培养制度也发生了相应的变化。传统的教育模式已不再适应现代社会的需求，因此，应该秉持以人才和专家治国的理念，为当代人才设立新的标准。定义人才的方式不应仅依赖于他们所获得的学历，而应超越这种单一的知识结构。打破已有的知识体系，突破既定的思维模式，实现创新和创造性教育的目标，以培养出真正的创新型人才，这是当务之急。因此，更新教育观念和改革创新教育课程显得尤为必要。

缺乏充分的创新氛围成为一大制约。创新能力的发展与所处的环境密切相关。高校必须营造明显的创新氛围，为学生的创新能力培养提供坚实基础。这样的氛围不仅有利于大学生创新意识的培养，也为他们在创新与创造领域的技能培养提供了必要背景。创新通常要求学生表现出积极思考、持开放观念，对新事物、概念和思考方式具备敏锐性和包容性。当大学生具备了这种开放性思维，他们对新事物的认知和理解也会更新，从而激发创新思维。此外，健全的创新氛围可以进一步提升大学生的自信心，为他们未来的成功打下坚实基础。这种自信不仅是推动力，还为创新思维的涌现提供了必要支持。培养创新型人才实际上是发掘学生潜在的创新和创造能力的过程。只有在充满自信的情况下，他们的天赋和潜力才能充分发挥，表现出卓越的创造力。

　　然而，在教育过程中，创新和创造的理念并未充分融入。素质教育应更多地注重培养创新精神。创新精神不仅有助于促进创业，还会进一步磨炼和增强学生的创新思维。毕业后的就业问题对大学生至关重要，选择创业路径可以摆脱传统就业模式的限制，为他们提供创造更多社会价值的机会。

第三章 大学生核心素养培养之政治认同素养

本章为大学生核心素养培养之政治认同素养，分别对大学生政治认同素养培育现状、大学生思想政治教育制度的发展与演变、大学生政治认同素养主要内容三部分展开阐述。

第一节 大学生政治认同素养培育现状

当前，大学生政治认同已经表现出一定的积极方面，大学生对党和国家的认同度较高，总体上呈现积极、健康、向好的态势。但毋庸置疑，大学生政治认同本身是一个比较复杂的命题，加之当今世界正处于百年未有之大变局，我国社会面临转型期，网络舆情环境也复杂多变，大学生政治认同面临着多重挑战，难免存在一些不容忽视的问题。

一、大学生政治认同素养培育仍有不足

当前，大学生政治认同素养的培育已经取得了一定成效，但在培育过程中仍存在诸多问题。一是大学生政治认同素养培育缺乏针对性；二是大学生政治认同素养培育体系尚不完备，一方面指社会、高校和家庭的各方协同有待加强，另一方面指高校内部"思政课程"同"课程思政"以及"第一课堂"同"第二课堂"的协同体系还不完善，未能形成有效合力；三是大学生政治认同素养培育方法较为单一，高校依然大多围绕书本进行理论教学，主要采用课堂讲授法，忽略了新媒体作用的发挥；四是大学生政治认同素养培育环境不够完善，主要指高校和家庭的政治认同素养培育环境需要进一步优化改善，政治认同素养培育的实质性效果不尽如人意。

（一）缺乏针对性

增强思想政治教育的针对性是学科发展的必然要求，也是培养造就高素质大学生的现实之需。高中生政治认同核心素养的培育已经存在课程结构、课程内容等方面的明确规定，但大学生政治认同素养的培育并未形成系统的教育模式。当前受来自网络时代各种错误政治信息的影响，部分大学生存在社会责任感消解、过度关注个人发展、功利化目标明显等倾向。此外，就当前而言，高校的大学生多为"95后"和"00后"，部分"05后"也已经迈进了大学的校门，代际差异性明显。部分高校缺乏对大学生的认知水平、实践能力以及个性特征等差异性情况的把握，忽略了大学生原有的政治认知水平、政治情感倾向、政治意志信仰等知识经验和思维方式对外部知识吸收的影响，弱化了大学生在教学过程中主体地位和主观能动作用的发挥，教师往往一味地照本宣科，采用宣讲似的话语体系对教材内容加以阐释，对学生进行单向灌输，所教授的内容与大学生的个人兴趣和实际需要不相匹配，没能遵循大学生成长成才的客观规律，进而也就难以进行有效的、有针对性的思想政治教育。此外，部分教师对学生普遍关注的深层次问题和具体实践中存在的实际问题刻意回避，未能做出令学生信服的深入阐释和解读，致使大学生对政治认同理论知识的了解仅浮于表面，难以对政治问题进行深入理性的思考，以往形成的政治思想误区得不到扭转，更为严重的是可能会在一定程度上导致大学生做出盲从性与功利性交织的消极的政治行为，政治认同素养培育的实质性效果不强。

（二）体系不完备

健全完备的培育体系是培育大学生政治认同素养的基本前提。大学生政治认同素养的培育并非一日之功，成效也不是立竿见影的，仅靠一朝一夕的高校思想政治教育工作难以达到培育目的，必须建立健全社会、高校、家庭等多元主体共同参与培育过程的长效完备的政治认同素养培育体系，即需要社会、高校、家庭等多方共同发力，打好政治认同素养培育的组合拳。但就实际情况而言并非如此，当前的政治认同素养培育体系尚不完善。

第一，大学生政治认同素养的培育仍依赖于高校思想政治教育。社会和家庭同高校的联系不紧密，各方的交流协同比较少，未能有效联动，高校重知识轻情感的教学倾向尚未得到根本扭转，而社区、企事业单位等方面为大学生提供的社会实践机会仍十分有限，大学生难以在实践中经受锻炼，对我国各项制度政策的优越性的认识不清晰、体会不深刻，认同感不强。就家庭而言，大学生的父母往往将大学生的培养寄希望于高校教育，在日常生活中政治教育缺位。大学生正处于政治价值观形成的关键时期，政治思想容易受到干扰和影响，可塑性强，变化也十分迅速。如果各方不能进行有效沟通，对大学生的政治思想动向及时把握，就会导致政治认同素养培育陷入无序化、形式化，很难有针对性地切实提升政治认同素养培育的实效性。

第二，高校政治认同教育体系也存在一定缺陷。其一，高校缺乏政治认同专题性教育。其二，高校往往仅通过思想政治理论课对大学生进行政治认同教育，而忽略了在专业课程中融入政治认同素养培育的元素。但实际上，高校专业课程中有很多值得挖掘、梳理并且利用的政治认同素养培育的资源和要素，高校重视"思政课程"而轻视"课程思政"，培育流于形式，在内容建设方面有待加强，没能做到二者的有效协同。其三，高校在党团培训活动、校园文化活动以及社会实践活动等方面的设置有所欠缺，高校把政治认同素养培育的重心多放在课程教学上，相对来说更注重发挥"第一课堂"的育人主渠道作用，而弱化了"第二课堂"在政治认同素养培育过程中至关重要的建构意义，"第一课堂"和"第二课堂"协同育人的培育体系还不够完善，难以形成培育合力，自然培育效果达不到最大化。

（三）方法较单一

新时代条件下，科学技术的发展突飞猛进，大众传播渠道也日趋多元，各式各样的应用软件层出不穷，改变了大学生的生活方式，为大学生更即时、更便捷、更富趣味性地进行娱乐和学习提供了可能。与此同时，大学生的学习需求也越来越多样化和个性化，他们渴望以一种更为新颖的方式来学习知识，而非一再局限于枯燥乏味的课堂之中。但在当前大学生政治认同素养培育的主要途径多是课堂理论学习、聆听学术讲座和开展学术研究三种。由此可见，部分高校在培育大学生政治认同素养时，没能做到与时俱进，培育方法仍然较为传统，缺乏多样性，多是教师采取理论讲授法围绕书本知识进行课堂教学，并不注重课程的启发性和趣味性，因而也就难以满足学生的实际需要。诚然，课堂是政治认同教育的主阵地，理论讲授法在很大程度上能够向大学生传授政治知识、政治价值观念，促进学生政治素养的提升与完善，但不得不承认学生对此种学习方式兴致不高。而实际上，专题讲座、党团培训活动、校园文化活动以及社会实践活动等都是培育大学生政治认同素养的有效途径，课堂教学也可以采取情境教学法、小组讨论法等多样化的教学方法，或者通过学生自学自讲的方式来进行。此外，当前随着新媒体技术的迭代兴起，诸如网易公开课、学习强国等优质的学习类软件俯拾皆是。就大学生政治认同素养的培育而言，学习强国可以通过加深大学生的政治认知，进而提升其对我国政治体系的认同感和拥护度，坚定其对我国政治体系的信仰。

（四）环境需完善

培育大学生政治认同素养离不开环境的熏陶和陶冶，优化和改善培育环境是实现政治认同素养培育效果最大化的关键所在。就当前的现实情况而言，大学生政治认同素养的培育阵地依然是高校，而高校往往将更多资金投入在与课堂教学相关的硬件设施上，对校园内其他设施的建设投入相对较少，很多校内建筑未能突出体现与政治认同素养培育相关的元素。培育大学生政治认同素养既离不开传统的课堂教学，也离不开校园环境对大学生的熏陶与感染。部分高校仅利用条幅、布标和电子显示屏等简易形式对即将举办的政治活动进行短时、浅显、粗略的宣传，缺乏对于中国共产党建党百年的光辉历程、我国在各领域的突出成就以及政治制度和政策等方面的持久、深入、常态化的宣传，部分大学生对政治事件、政治活动的感触不深，难以正确认识个人命运同祖国命运紧密相连这一关系，使命感不强。实际上，高校应有效利用起校园内的各种建筑，将政治认同素养培育的相关元素融入校园建设的方方面面，校园文化活动自然也应该涵盖其中。但部分高校较少开展政治认同主题的校园文化活动，个别学校偶尔开展相关活动也存在活动种类单一、流于形式、宣传不到位等问题，大学生参与机会较少，参与度偏低。部分高校缺乏同社会实践基地联动的意识，为大学生提供的基地参观机会十分有限，没能有效发挥出博物馆、展览馆、纪念馆等载体的教育功能，政治认同素养培育的氛围不够浓厚。

除高校外，家庭氛围也是值得探讨的一个方面，大学生的政治认同状况很大程度上会受到家庭成员潜移默化的影响，尤其是父母的言行举止会对大学生产生较大影响。但不得不承认，有些父母对政治持一种漠不关心的态度，认为参与政治活动没什么用处，不愿意花费时间和精力在政治上面，对时事政治和热点新闻关注较少。可想而知这样的家庭教育环境也会在一定程度上降低大学生政治参与的意愿和热情，给政治认同素养培育带来了消极影响。

二、问题背后的原因

（一）多元社会思潮的冲击

当前，我国正处于社会转型期，意识形态领域工作面临着新形势、新挑战。大学生正处于三观塑造和形成的关键时期，未能积累起充足的政治知识和经验，客观、理性、辩证地看待和分析事物的能力还比较薄弱，政治意志不够坚定，很容易受到错误社会思潮的不良影响。不容忽视的是，当前网络传播的门槛较低，网络传播的种种特性也为多元社会思潮借由文字、图片、动画等多种符号形式进行"病毒式"迅速且广泛的传播提供了可能，加之部分网络平台未能按照国家相关法律法规的要求对此类传播内容进行制约与取缔，存在监管缺失、惩戒不到位的情况，也在一定程度上为多元社会思潮的滋长提供了温床。

部分大学生在西方资产阶级推崇的消费至上的消费主义思潮的侵蚀下，已经出现了过度关注个人发展、忽视国家长久发展，只讲索取、不讲付出的功利化倾向。还有一部分大学生受享乐主义的影响，秉持着"人生苦短、及时行乐"的信条，丧失了奋斗意志，不求进取、消极懒怠、荒废青春，沉湎于娱乐世界中的虚假狂欢，对政治参与持消极、冷漠的态度。从以上种种，均可看出，多元社会思潮的广泛传播冲击着大学生的价值追求和道德原则。当前政治认同素养的培育环境复杂多变，为大学生政治认同素养的培育增加了难度。

（二）大众传媒的负面影响

信息化时代背景下，信息化革命如火如荼地进行着，在信息技术深入发展的同时，大众传媒的政治影响也日益显著。当前高校大学生群体以"95 后"和"00 后"为主，部分"05 后"也已经迈进了大学的校门，他们与时代发展同向同行，是伴随着网络普及而成长起来的"Z 世代"。大学生立身时代潮头，一方面接受高等教育，不断学习科学文化知识，丰富自己的头脑；另一方面热衷于运用网络手段探索未知、满足自己的现实需求，乐于追逐和尝试新鲜事物，对新媒体、大数据算法等新兴事物有着与生俱来的亲切感，大学生自身的特性使其相较于其他社会群体而言，对社会现象和社会问题的敏感度更高。诚然，大众传媒在社会中发挥着强大的正面功能，反映舆论的同时引导舆论走向，在一定程度上延伸了我们的感官，帮助我们从更为宏观的维度把握和考量这个世界。但毋庸置疑的是部分大众传媒也存在负面作用，对大学生政治认同素养培育产生了一定的消极影响。

其一，大众传媒呈现的信息纷繁冗杂、良莠难辨，大学生自身具备一定的媒介能力，掌握媒介工具的基本使用技能，能够获取到五花八门的海量信息，但大学生的政治判断力和辨别力相对较弱，媒介素养也有待提升，极易受到俯拾皆是"爆炸式"、碎片化信息的误导和影响。其二，当某些负面社会事件发生时，受资本逐利性的驱使和裹挟，大众传媒会对这些负面事件进行迅速广泛的传播，尤其在"人人皆是麦克风"的网络舆论环境中，每个人都能依托网络在社交平台上发表自己的看法和观点，个别自媒体为了制造噱头、吸引眼球忽略新闻的真实性，发布一些极端的煽动性言论，大学生群体存在负面偏好心理，更容易关注到这些消极的新闻报道，在此过程中可能会弱化其对我国政治体系的坚定信仰，造成大学生政治认同式微。

（三）思政教育实效性不足

高校思想政治教育是育人主阵地，承担着培根铸魂、启智润心的时代重任，大学生政治认同教育是思想政治教育中一项极其重要的内容，但就现实情况而言，高校政治认同教育实效性不够理想，具体体现在如下几个方面。

第一，高校在课程资源的挖掘和课程内容的设置上有所欠缺。想要切实增强大学生的政治认知、提升其政治情感、坚定其政治意志，引导其做出积极向上的政治行为，思想政治理论课是有力抓手，但如何让思想政治理论课变得精彩纷呈、引人入胜，则需要在课程资源的挖掘上下功夫。我国的红色历史中蕴藏着宝贵的精神财富，如陈独秀、李大钊、蔡元培等杰出历史人物，又如陈望道翻译《共产党宣言》这样里程碑式的历史事件，实际上都是政治认同素养培育可取的优质资源，都可以合理融入课程教学之中，但部分高校对课程资源的挖掘不到位、不用心,未能唤起大学生的学习热情,大学生学习的积极性不高,政治认同素养培育的效果自然不言而喻。此外,高校对课程内容的设置偏重于培养应用型人才,即更重视对大学生专业能力和专业技能的培养,将更多时间和精力放在了学生学习成绩方面,忽视了大学生综合能力和综合素养的全面提升,对与政治认同素养培育相关的内容设置得较少,课程设置存在失衡的情况,这也是大学生政治认同素养缺失的重要原因。

第二,当前,政治认同教育尚未制定出系统化、专业化的教材,尽管与政治认同素养培育相关的内容在现有教材中已多有体现,现有的思想政治理论课课程体系也已经涉及大部分政治认同理论的相关知识,但毋庸置疑,政治认同素养培育的目标和内容仍然存在一定的不明确性,这也为培育工作带来了困难。

第三,部分高校忽视"思政课程"与"课程思政"、"第一课堂"与"第二课堂"协同育人作用的发挥,政治认同教育的协同体系不健全、不完善。专业课教师忽略了政治性要求,认为专业课程只需要向学生传授专业知识和专业技能即可,对讲政治缺乏敏感度,在这种教育模式下,易导致大学生政治底色缺失、政治认知水平较低,缺乏对于党和国家的深厚情感。

(四)家庭教育缺位

大学生政治认同不是一朝一夕建构起来的,政治认同本身是知、情、意、行四个层次的统一体,在大学生政治认同素养培育这一过程中,家庭教育可谓是十分重要的一环。人类社会正是由千千万万个家庭构成的,家庭是影响人、培养人的关键场域,只有将社会、高校、家庭等各方凝聚起来,才能达到事半功倍的培育效果,若仅寄希望于高校教育,则有可能导致大学生政治认同淡薄模糊、知行脱节,甚至出现认同危机,因而家庭教育对大学生政治认同素养培育的重要性和必要性不言而喻,必须得到充分广泛的关注。家庭成员的政治认同状况会对大学生政治认同的形塑产生很大程度的直接影响,但不得不承认,当前部分家长培育大学生政治认同素养的意识还十分薄弱。诚然,随着当今社会就业形势日趋严峻,大学生所面临的就业压力也与日俱增,部分家长意识到必须提高子女的综合素质与能力,使其得到全面发展,其中政治素养较高的家长能够对子女进行理性客观的政治评价,引导大学生逐步树立起正确的政治价值观念,一定程度上助推了培育工作。但也有部分家长的思想观念尚未得到转变，往往更重视子女的学习能力和水平，单纯以大学生的学业成绩评价其素养的高低。部分家长对时政要闻的关注度不高，了解政治信息的渠道不够畅通，通过偶尔观看《新闻联播》等电视节目才对国家层面的大政方针政策有所了解，再加上受教育水平有限，对于社交媒体中广泛传播的具有迷惑性和误导性的信息缺乏辨别力和判断力，容易偏听偏信，有时会用自己的知识和经验对政治观点加以渲染并以此教育大学生，而在这样的家庭教育环境下，大学生有可能接收到错误的政治思想，其政治认知水平可想而知。部分家长对于政治参与持消极懒怠的态度，不热衷于参加所在村、居委会、单位等的选举、决策讨论等活动，这也在一定程度上导致了大学生冷漠、消极的政治行为。

（五）部分大学生缺乏自觉，未能知行合一

高等教育阶段的学习往往更依赖学生的自觉，教师只能起到引导与督促的作用，对于大学生政治认同素养培育而言亦是如此。教师在课堂上为学生传授理论知识，而知识的内化与吸收则取决于学生自身的努力程度，而大学生的认知水平与能力尚且有限。大学生自身对政治认同素养培育的重视程度不足，自我培育的积极性较差。对此，可以从以下几个方面来分析。

首先，自2021年上半年"躺平"一词突然爆火，部分大学生自控力和自律性较差，遂选择以"躺平"的态度应对"内卷"的压力，在一定程度上降低了学习的自主性，忽视政治理论学习，很少花时间了解当前的世情国情和时政要闻，没能清晰认识到自身肩负的使命与责任，在"摆烂"中逐渐丧失奋斗欲望。

其次，思想政治理论课的考核方式侧重对学生知识掌握程度的考察，高校大学生通常在临考前对相关理论知识加以背诵就可以通过考试。大学生认为思政课相较于专业课不那么重要，受敷衍、应付心理的驱使存在迟到、早退，听课不认真，课下对理论知识不复盘、不巩固等现象。这些都使为政治认同素养培育加大了难度。

最后，大学生缺乏实践意识。对政治认同相关理论知识的学习必须在实践中不断深化，而从现实情况来看，大学生知行脱节。

可见，大学生理论内化和践行的能力欠佳，难以将所学的政治理论知识应用

于政治实践之中，政治参与意识薄弱，未能实现知、情、意、行的有机统一。大学生作为政治认同素养培育的主要对象，自身理论自觉缺失，践行力度不足，为政治认同素养培育工作带来了又一大难题。

第二节 大学生思想政治教育制度的发展与演变

一、改革开放前：初步摸索、曲折前进

中华人民共和国自成立伊始，为巩固政权、推动广泛的民主改革、振兴国家经济，加速实施社会主义大规模建设和生产资料私有制的社会主义转型，中国共产党一直专注于新民主主义向社会主义的过渡，进行了深入广泛的思想理论教育，旨在统一国民的思想观念。反思并吸取以往的教训与经验后，党对已有制度进行了详细规范，并对那些临时性制度进行了适当的调整，从而使党的思想政治教育制度日益完善。

在这一关键的历史时刻，伴随着社会主义革命和建设的不断推进，思想政治教育的内容和方式得到了进一步的优化和更新。同时，思想政治教育在社会进步中的思想引导作用和凝聚力也逐渐显现。

二、改革开放后：逐步重建、快速发展

（一）恢复重建阶段

恢复重建阶段为 1978—1986 年。

在改革开放初期，为了迅速恢复和强化思想政治教育工作，邓小平同志强调了高校思想政治教育的重要性，并明确提出，学校应始终将坚定正确的政治方向作为首要任务。在马克思主义的理论指导和"解放思想，实事求是"原则的推动下，大学生思想政治教育开启了全面的恢复。

十一届三中全会后，我国进入了社会主义建设的新阶段。教育旨在为社会主义建设提供支持。为了培育出能够为社会主义建设做出贡献的杰出人才，除了注重学生的科学文化素养，更重要的是提高他们的思想政治觉悟。在这个新的建设

阶段，培养具备"四有"特质的新一代成了战略上的重要任务。结合当下的需求，努力培育符合共产主义事业要求的人才。这些人才将是实现共产主义事业的关键力量。为了实现共产主义的长远目标和社会主义现代化的共同愿景，对"四有"新人的培育显得尤为重要。

观察这一时期，从高校思想政治教育学科的发展中，可以更深入地理解其制度建设的实际情况。改革开放前，尽管国内部分师范学校已开设了思想政治教育专业为中学培养政治课教师，但真正针对高校思想政治教育专业人才的培训，始于1984年。那一年标志着国内大学生思想政治教育专业人才培训的启动，12所学校相继开设了相关专业。从1984年开始，除了设立本科专业学位，同年6月还增加了第二学士学位；1986年开始提供硕士学位，并在1996年进一步引入博士学位。这一系列的举措确立了思想政治教育专业完整的"本硕博"人才培养体系。这些进展表明，无论在学科发展还是专业人才培养方面，党和国家都给予了强有力的制度和政策支持。

（二）稳步发展阶段

稳步发展阶段为1987—2003年。

教育的核心任务是为社会主义建设事业提供支持，特别是在高校思想政治教育制度建设的过程中。在此阶段，经济建设是主要焦点，因此，高校思想政治教育应与社会主义市场经济的进展相一致。进一步加强制度建设，被视为优化高校思想政治教育的关键途径。

在20世纪90年代，为确保高校思想政治教育制度得到恰当的建设，国家相继发布了一系列与思想政治教育相关的文件与法律规定。具体来说，1989年，国家教育委员会为了加强高校学生的思想政治教育，推出了《高等学校学生行为准则（试行）》。该准则涵盖了政治、思想、纪律、道德等领域对高校学生的期望和要求。尤其在政治层面，强调了拥护共产党的领导以及坚持社会主义制度的重要性。

改革开放后，通过明确且具体的行为准则，国家积极地规范和指导高校学生的日常行为，并通过制度建设来保证高校思想政治教育的持续发展。

1995年，《中国普通高等学校德育大纲》为高校德育内容设定了以爱国主义、集体主义和社会主义教育为核心的方向。1999 年 12 月，教育部《面向 21 世纪教育振兴行动计划》进一步对高校学生的文化素质提出了更高要求。

总的来说，改革开放后，教育部门致力于培养高素质的人才，强调学生的文化素质，建立了一个终身学习的体系，从而全方位地推进了学生的综合素质教育。

根据上述指导性文件，已颁布一系列附加指导文件，详细阐述了关于课程内容、团队建设和网络思想政治教育等领域的指导原则。在思想政治教师团队建设方面，强调了制度化建设，以确保"两课"教师团队的培养和专业能力的持续提升。此外，在政策和法规的制定方面，特别强调了学生的中心地位和他们的个人发展。1999 年至 2003 年期间，发布了一系列通知，涵盖了大学生思想政治教育、学生管理、德育工作改革等多个方面。这些建议和通知不仅涉及本科生、研究生等，还涵盖了与大学生住宿管理、文化素质教育、心理健康教育、法制教育、网络思想政治教育以及主题实践活动等相关的全方位内容，旨在确保学生的生活质量和道德品质得到全面的提升。

全国各大高校，为响应并贯彻落实大学生思想政治教育的相关指导方针，都依据自身实际情况，精心策划了大学生思想政治教育的工作框架。从制度层面的构建出发，高校注重每一个执行步骤，坚守制度化的原则，以确保大学生思想政治教育工作能够持续、规范、有序地进行。

以清华大学为例，1988 年，根据《中华人民共和国高等教育法》和《中国共产党普通高等学校基层组织工作条例》，该校结合自身情况，制定了《清华大学管理体制条例》。而后，在 1999 年，新疆石油学院从培训制度、激励机制以及约束机制等多个层面，全面展开了具体的教育工作。

进入 2001 年，浙江大学在对本专科生进行综合素质测评时，对"德"的评价内容进行了详细探讨。其中明确规定了大学生在政治、学术以及生活等多个方面应遵循的行为准则。同时，针对那些违反法律、校规或社会公德的行为，浙江大学坚决表示反对，并对涉及学生予以严格的纪律处分。

再以 2003 年为例，洛阳师范学院在深入研究大学生思想政治教育工作的同时，提出了一系列与网络相关的考核规范。为了使大学生的网络思想政治教育工作更加规范和制度化，该高校明确了"网上值班制度""上网统计制度"以及"网上稿件内容审查制度"等网络监管制度，以适应教育现代化的发展需求。

（三）强化发展阶段

强化发展阶段为 2004—2011 年。

在 2004 年之前，与大学生思想政治教育相关的规定被纳入了高校思想政治教育以及德育工作的相关文件中，但没有独立的以"大学生思想政治教育"为题的重要文件。然而，《中共中央国务院关于进一步加强和改进大学生思想政治教育的意见》的发布标志着大学生思想政治教育及其制度建设进入了一个新的发展阶段。该文件不仅明确了大学生思想政治教育的战略地位，还进一步提出了在主要任务、基本原则、课堂教学、队伍建设以及社会环境营造等领域的具体指导方向。到了 2005 年 12 月，发布了《关于调整增设马克思主义理论一级学科及所属二级学科的通知》，明确规定高校的思想政治教育专业需要根据二级学科的学科概况、培养目标、业务范围以及主要相关学科进行调整。因此，高校思想政治教育专业开始朝着科学化的发展道路迈进。

2011 年 10 月，党的十七届六中全会提出了强化社会主义文化建设的指导思想，推动社会主义文化的全面繁荣。在这一背景下，思想政治教育专业得到了进一步的发展。具体而言，党提出了实施立德树人工程、加速完善高校思想政治理论课程的教学内容和评价体系、提高大学生思想政治教育的科学性以及培养高水平的思想政治教育专家等目标。

在 2004 年至 2011 年，国家对过去的大学生思想政治教育制度建设经验进行了全面反思，深入研究了新形势下思想政治教育制度建设的需求，从而精确制定了适应当前阶段的大学生思想政治教育制度政策。在这个过程中，包括教师队伍、课程内容以及组织结构在内的多个方面都取得了显著进展。现阶段，大学生思想政治教育制度建设正面临新的发展机遇，因此迫切需要进一步系统地加强各个部分的制度建设，以确保其持续稳健地发展。

（四）全面发展阶段

全面发展阶段为 2012 年至今。

随着 2012 年中国进入新时代，高校思想政治教育制度的建设经历了全面的发展。

随着 2020 年的到来，为确保思想政治教育与学生成长阶段更为贴合，与整体教育发展趋势更为协调，以及与教育从业者的教学实践更为契合，中国发布了《关于加快构建高校思想政治工作体系的意见》。该意见为高校思想政治制度建设提供了明确的指导方针和策略。

通过审视一系列关于高校学生思想政治教育的国家政策和法规，明显可见，新时代下，党和国家高度重视高校思想政治教育，并在这一领域持续不懈努力。在党中央的领导下，尤其是在习近平同志的领导下，中国的高校思想政治教育制度建设已进入全面快速发展的新阶段。

第三节 大学生政治认同素养的主要内容

一、政党认同

政治认同最核心的是对中国共产党领导的认同，党的领导主要包括政治、思想和组织领导，体现在国家经济社会发展的各个领域。党的领导被认为是中国特色社会主义的最重要特征，同时也象征着中国特色社会主义体制的最大优势。历史的发展已经明确表明，党的成立不是偶然事件，而是不可避免的历史进程。中国共产党以勇于自我革命、严格管理和治理党的特质而闻名，其正是以在百年奋斗史中锻造出来的革命性和先进性赢得了执政地位。中国共产党具有强烈的责任担当意识，始终厚植人民情怀，站稳人民立场，以人民至上为自身的价值宗旨。党的领导地位是时代和人民赋予的，这在建党百年的实践中得到了确证。大学生作为具有较高知识水平和道德素质的青年群体，是中国共产党执政兴国重要的群众基础，培育大学生对中国共产党领导的认同对于维护党的执政合法性具有重要意义，也是政治认同素养培育的关键。大学生应深刻领会中国共产党的历史使命和取得的伟大成就，坚定只有坚持党的领导才能实现中华民族伟大复兴的信仰，从建党百年的光辉历程中汲取智慧和力量，积极投身于国家建设和发展之中，不断提高自身素质，学习掌握新知识、新技能，为实现自身价值和社会发展做出积极贡献。

二、制度认同

政治体系的平稳运行离不开民众对制度的赞成与拥护，制度认同对于大学生政治认同素养培育而言，是较高层次、较为复杂与系统的认同。中国特色社会主义制度是党和人民在长时间内不断探索与实践所建立起的科学制度架构。它已成为新时代国家不断前进与发展的关键制度支柱。此制度包括但不限于：根本政治制度、基本政治制度、基本经济制度、法治体系、政府治理体系、社会治理制度、军队领导制度、外交政策以及国家监督体系，旗帜鲜明地体现出我国人民民主专政的国家性质，并且越来越彰显出其他制度所无法比拟的优越性和中国特色社会主义民主的强大治理效能。培育大学生对中国特色社会主义制度的认同，应当借助我国国家制度和国家治理体系的多方面优势使大学生深刻认识到中华民族从站起来、富起来到强起来的伟大飞跃归根结底是在党的领导下建立和完善了中国特色社会主义制度，中国绝不能照搬西方国家的制度模式，必须毫不动摇地坚持和维护本国制度，坚定中国特色社会主义制度自信，增强对中国特色社会主义制度的归属感、自豪感，自觉执行国家政策，服从国家权威，规范参与政治生活。

三、思想认同

马克思主义是立党立国、兴党兴国的根本指导思想，也是大学生政治认同的思想根基。马克思主义是关于全世界无产阶级和全人类彻底解放的学说，具有科学性、实践性、人民性和发展开放性等鲜明特征，新时代条件下，仍然焕发着强大的生机与活力。马克思主义指导思想具有强大的凝聚力和引领力，发挥着凝魂聚气、强基固本的重要作用。主流意识形态是一定社会历史条件下占据统治地位阶级的利益取向和价值取向的表征，马克思主义作为当代中国的主流意识形态，能否坚持和巩固其在意识形态领域的指导地位，根本在于能否实现大众对马克思主义的普遍认同。大学生作为接受高等教育的先进群体，始终走在时代前列，引领时代风气，代表时代面貌，大学生群体的政治取向直接影响着整个社会的政治走向。因此，大学生应当在认同并拥护党和国家所坚持的政治原则、理念与主张的基础上，做信仰坚定的马克思主义者，自觉运用马克思主义中国化的理论成果武装头脑、指导实践，增进对马克思主义指导思想的认同，不断提高政治修养，完善政治品格，抵制各种错误社会思潮的侵蚀，将社会主义核心价值观作为基本的价值准则，积极践行并以其规范自身行为，为实现党和国家的政治目标接续奋斗。

四、实践认同

中国特色社会主义建设成就与大学生政治认同密切相关，当大学生认同国家治理效果时，将会表现出强烈的政治参与意愿。中国共产党领导全国各族人民不断推进中国特色社会主义伟大实践，创造了经济快速增长和社会长期稳定两大奇迹，中国人民实现了从贫穷到温饱、从温饱到总体小康、从总体小康到全面小康的跨越，中国成为世界第二大经济体，发展成果惠及全体人民。立足中华民族伟大复兴的战略全局，培育大学生对中国特色社会主义伟大实践的认同，应使其对中国特色社会主义建设的成就感到自豪，对中华民族经过长期实践而探索出来的中国特色社会主义道路充满信心，认可党和政府在公共管理和社会服务过程中体现出的效率与能力，引导大学生投身于中国特色社会主义伟大实践，努力实现中华民族伟大复兴的中国梦。

第四章 大学生核心素养培养之心理健康素养

本章为大学生核心素养培养之心理健康素养，依次阐述了大学生心理健康素养培育现状、大学生心理与行为特征、高校心理健康教育模式、高校团体心理健康辅导。

第一节 大学生心理健康素养培育现状

一、目前大学生心理健康状况

（一）整体良好

有关调查表明，大学生普遍有良好的心理健康状况，乐观自信，人际关系和谐，也有较强的适应能力。但是，还是存在一些有心理问题的大学生。据相关资料统计，目前我国有 20% 的大学生有不同程度的心理障碍或心理异常表现，其中一些人因为种种不良的心理情绪导致行为上的失调，做出一些危害社会的行为。

（二）存在个别心理问题

1. 自我意识的模糊

在大多数人看来，自我意识最直观的定义是对自己的认知，也可以用另一种说法，即对自己的认知。如果从更广泛的角度来看，这也可以解释为人们对自己以及自己与周围世界的关系的认识，这是人的意识发展的高级阶段。自我意识就是个体在社会生活中所形成的关于自己的知识和经验，它不仅仅是一个单一的心理特质，而是认知、情感和意志的综合体现，构成了一个完整的心理体系。自我意识是个体根据一定的目标而自觉地调整自己的态度、行动或情绪，以适应环境并实现预定目的的过程。部分大学生对自己的认知并不准确，这主要体现在他们的自卑情绪过于强烈，过度地以自我为中心，过度地理想化和盲从。尽管他们的自我控制能力有所增强，但仍有不足之处，而他们的自我评价虽然趋于成熟，但仍然存在一定的片面性。部分学生对学习缺乏兴趣，学习动力不足。

2. 心理适应障碍

许多大学生在面对学业、日常生活和情感上的挑战时，往往难以找到合适的方式来应对，他们常常埋怨命运，甚至开始对生活产生疑虑。部分大学生不善于用积极的心态应对各种问题，遇到挫折后缺乏信心。有些学生对他人的建议置若罔闻，还有一些经济状况不佳的学生深感自卑，他们不敢与他人互动，更倾向于独自行动，不愿正视自己的长处。有些学生缺乏自信心，缺乏坚强的意志和顽强的毅力。

3. 人际交往困难

人际交往困难主要表现在以下几方面。

①人际关系不适。进入大学后，远离原来熟悉的生活与学习环境，面对新的人际群体，部分学生显得很不适应。

②社交不良。部分学生缺乏在公众场合表达自己思想的能力与勇气，面对各种各样的活动充满了兴趣，却又担心失败，只是羡慕而很少积极参与，久而久之，开始回避参与，感叹"外面的世界很精彩，外面的世界很无奈"。

③个体心灵闭锁。一些大学生缺乏人际交往经验，而自身在人际交往中的不自信又不利于增强自身的人际交往魅力，妨碍了良好的人际交往圈的形成。与此同时，由于个体间正常的交往不够，又易引发猜疑、妒忌等，不利于大学生的健康成长。

4. 情感受挫，心灵苦闷

①爱情困扰。如何平衡爱情与学业，已经成了大学生们深入思考的一个复杂问题。从高校实际情况来看，部分大学生对谈恋爱的认识还不够深刻。有的大学生把爱情当成一种负担，有的学生对爱情持冷漠的态度。这类恋爱观念存在着显著的缺陷。大学生们对于爱情的认知不够成熟，对爱情的理解过于狭隘。这种情感上的困惑和错误的恋爱观念，使得一部分大学生产生了不健康的爱情观。

②友情困扰。大学生们的生活方式发生着巨大的变化，他们渴望得到他人的

关注和帮助，渴望与异性朋友进行交流，希望有更多的机会去认识异性朋友，因此他们更加需要友情的滋润。然而，这也带来了一系列复杂的问题。例如，在处理与异性建立的友谊时，有些人难以判断这究竟是友情还是爱情。有一小部分大学生表示，他们担心自己的无意之举可能会破坏原本深厚的友情，导致他们在情感上徘徊不定。

③亲情问题。在大学生的成长旅程中，亲情的问题也是难以避免的。部分大学生与他们的父母之间的交流相对较少，他们不愿意和父母分享自己的生活状况。与此相对，与恋人之间似乎总有无穷无尽的话题。这不仅影响了他们正常的学习和生活，而且使他们觉得自己很孤独。许多家长对此深感痛心和困惑。对于父母在经济和情感上的付出，有些孩子觉得这是理所应当的，随着时间的推移，他们对父母的感激之情逐渐减少，更多地将情感和精力投入与人交往和恋爱中。这样做虽然有利于双方感情的发展，但不利于双方身心健康的保持。因此，在大学生的成长旅程中，亲情的重要性是不容忽视的。一个心理健康的大学生应该能够妥善处理和协调与家人的情感关系，学会站在长辈的立场来思考问题。

二、目前大学生心理健康素养培育状况

（一）以心理咨询代替心理健康教育

心理健康教育又被称为心理素质教育或心理教育，它是指教育者运用心理学的知识和方法，对受教育者的心理各层面施加积极的影响，以缓解其心理压力和紧张情绪，促进其心理发展与适应、维护其心理健康的教育实践活动。思想问题和心理问题是交互影响的，不能截然分开。在最近的几年中，心理健康教育作为大学生思想政治教育的核心途径，在与思想政治教育的紧密结合中，已经展现出巨大的成长潜力。随着时代的进步，我国社会经济文化水平不断提高，人们越来越重视自身的健康问题，心理健康已成为当代青年学生关注的重点之一。

心理健康教育是一门能够影响和改变人们心理和行为的科学领域，它对于个体人格的完善和促进个体精神的成熟具有极其重要的意义。开展大学生心理健康教育具有极其重要的现实意义。高等教育机构的心理健康教育始于心理咨询，虽然心理健康教育涵盖了心理咨询的内容，但它不是简单的心理咨询，也与心理治

疗有所区别。它不仅包括针对学生的心理咨询，还涵盖针对学校管理部门的心理咨询，甚至还有针对家庭的心理健康指导。

心理咨询是一个极广泛的概念，它涉及心理健康、婚姻家庭、日常生活、职业指导、教育辅导等各个方面，心理咨询能提高人们的心理自主能力，使人走出困境，离开烦恼，更好地适应社会生活和家庭生活，从而提高健康水平和生活质量，进而愉快地学习和工作。心理咨询的内容丰富多彩，如咨询人员给予咨询者某些信息，提供最佳行动方案；使其获得与他人交往、适应环境及克服学习中的障碍的有关知识和技巧；与咨询者共同探讨分析某些心理困惑或心理冲突；寻找解决问题的最佳方案；等等。许多高校都设有一个心理咨询室，委派一个心理老师，守株待兔地等着学生来访，来则来、去则去，教育的覆盖面小、工作呈被动状态、咨询的效果没有进行评估、应当进行转介的却被"好心"留下来，这些现象和问题绝非个别。

当前，在我国的高等教育机构中，大学生心理健康教育面临一个显著的问题，即即便是用单一形式的心理咨询来替代传统的心理健康教育，其效果也未能达到预期。这主要是因为咨询服务的专业水平还不够高。因此，要提高心理咨询的实效，就必须加强对高校心理健康教育专业人员的培养。心理健康教育，特别是心理咨询，是一项高度专业和技术性的任务。这要求咨询人员必须拥有较高的学历，接受过专业的培训，掌握心理咨询的理论和技巧，并持有咨询员职业资格的认可证明。部分一线工作人员对现代心理咨询技术的掌握程度不够，再加上缺乏相应的行为规范和指导，导致在教育和咨询实践中出现失控的情况，这不仅难以保证取得良好的效果，还可能产生一些负面影响，从而降低大学生对高校心理健康教育工作的信任度。尽管心理咨询的技能已经相当成熟，但仍有一部分从事心理咨询工作的人员由于其特定的工作身份，精力投入相对较少。

学校心理咨询是提高学生心理素质、解决学生心理问题、增进学生心理健康的重要内容和手段。心理咨询科学性强、针对性强、渗透性强且形式新颖，与传统的思想政治工作方法相比有其独特之处，与大学生心态特点相吻合，易为大学生所接受。某校大部分学生来自农村，困难生、特困生占相当比例，这些学生普遍心理压力大，处理不好，极易造成心理障碍，对学校的工作也会造成一定的阻力；再加上一些社会消极因素的刺激和思想政治教育不得力，容易形成低水平的心理承受力。而如果在学校开展心理咨询，则会在完善学生人格、预防心理障碍等方面起到积极的作用。因此，重视大学生的心理咨询工作是时代和社会发展的必然，是教育工作者义不容辞的责任。但是，为了保证心理咨询效果，必须在用人机制上做出调整，从事该项工作人员的精力投入状况决定了学生是否能获得高品质的咨询服务，所以，高校应该更加重视。

（二）重障碍性心理，轻发展性能力

考虑到我国高等教育机构中心理健康教育的目标群体的独特性和其所肩负的教育任务，目前学术界普遍持有的观点是，我们应该坚定地支持并强调心理健康教育的发展方向。但在我国的高校心理健康教育实践中，仍然存在一个普遍的问题，那就是过分关注为大学生提供的心理问题咨询和帮助，而忽略了对大学生发展性心理能力的积极关心和培养。

高校实现障碍性心理问题咨询的方式主要为个别咨询、团体咨询、电话咨询、网络咨询、书信咨询、班级辅导、心理行为训练等，为大学生提供及时、有效、高质量的心理健康指导与服务。另外，还要做好新生、应届毕业生、家庭贫困学生，特别是学习困难学生、失恋学生、违纪学生、言行异常学生的心理辅导和咨询工作，帮助他们化解心理压力，克服心理障碍。发现存在严重心理障碍和心理疾病的学生，要及时转介到专业卫生机构进行治疗。从高校具体执行心理健康教育的方式我们就能看出，我国高校普遍重视障碍性心理咨询，忽视学生的发展性能力培养。

我国高等教育机构在心理健康教育的发展性能力培养上存在不足，主要原因可以归结为两个方面。第一，在认识上存在误区。首先，我国高等教育机构在心理健康教育的早期阶段主要集中在预防、减少和解决学生的障碍性心理问题上，这导致了人们对高校心理健康教育的真正含义了解不足。因此，很多人错误地将心理健康教育与心理咨询和心理治疗等同起来。这种做法不仅影响到大学生心理素质水平的提高和健康人格的形成，而且严重地制约着心理健康教育向"以人为本"的方向迈进。其次，目前对于高等教育机构的心理健康教育评估方式，也制约了其向更注重发展性能力培训的方向发展。第二，对于高校心理健康教育的评估体系还存在一些不足。目前，除了对硬件的评估，如场地和组织结构等方面，对高等教育机构的心理健康教育效果的评价主要是从咨询次数、干预的危机数量等量化和显性化的视角来进行的。这种方式过于简单、缺乏弹性的，不能全面反映

出大学生群体中存在的各种心理特点，不利于学校开展有针对性的心理健康教育。发展性能力的培养成果在当前的效果评估体系中是难以量化和直观描述的。

（三）西方理论在我国水土不服

西方的心理咨询理论有着丰富的流派，历史悠久，并在理论研究上引领全球趋势。考虑到西方心理咨询理论的先进性，借鉴和应用这些理论是非常必要的。

每一种理论和方法都源于特定的历史背景和特定的人群或问题，试图用单一的理论来解读不同地区、不同文化背景下不同人群的复杂心理现象是不客观的。从本质上看，所有心理咨询都不是纯粹心理学意义上的工作。换句话说，期望直接采用起源于西方文化背景的心理咨询理论来解决现代中国大学生面临的问题，无疑是缺乏科学依据的。每一种理论和方法都在不断地演变，时代、对象、问题和国情都在发生变化。思想政治教育内容是一个由多层次要素构成的系统，这些内容相辅相成，共同构成层次分明、和谐统一的思想政治教育内容整体。在当代中国，政治教育以培养坚定的政治方向、政治立场、政治信念为导向，以中国特色社会主义为中心内容；思想教育以培养正确的思想意识和思想方法为导向，以世界观、人生观、价值观为中心内容；道德教育以爱祖国、爱人民、爱劳动、爱科学、爱社会主义为导向，以集体主义和为人民服务为中心内容；心理健康教育以自尊、自爱、自律、自强为导向，以缓解心理失衡、排除心理障碍、提高心理素质为中心内容。在思想政治教育内容形态中，政治教育是核心，思想教育是先导，道德教育是重点，心理健康教育是基础。这些内容在思想政治教育内容结构中虽然处于不同的层次和地位，但既不可偏废，又不可相互替代，它们相互依存、相互依托，相互联系、相互渗透，推动着思想政治教育的发展。

实现对西方咨询理论的本土化创新是改善西方心理咨询理论水土不服的关键所在。以目前高校心理健康教育实践中的几个环节为例展开说明。

比如，心理咨询方案的设计。教科书中提供的心理咨询方案通常是在建立了咨询关系之后制定的，咨询的次数通常在6—8次，主要是为了心理和神经症的辅导。但是，大学生的求助问题通常是发展性的，如果仍然按照固定的咨询流程进行，不仅会浪费学生的时间，还会削弱学生求助的动力。所以，如果能根据不同阶段学生的需求设计出相应的咨访模式，将有利于帮助更多大学生实现成长成才目标。

再比如，经常使用的《心理健康量表SCL90》是针对西方人群专门设计的。当这一量表被用于评估高等教育机构的大学生时，如果不对其筛查标准进行适当调整，那么得到的中国大学生的心理健康状况可能会不真实。此外，学生在一周内的心理健康状况，并不能全面反映该学生的稳定的心理健康状况。因此，需要从一个动态的角度来看待这一结果。总之，心理咨询方法的选用必须符合我国国情，并遵循心理学发展的内在逻辑。

当然，选择心理咨询的方式也是一个考虑因素。心理咨询技术在我国虽然起步较晚，但发展很快，已逐渐从早期以经验为主的探索阶段向理论研究和实践运用相结合的方向转化。目前根据不同的流派和分支发展出的心理咨询技术大约有五百种，而进入我国市场的技术有二三百种。很多高等教育机构的心理专家都热衷于学习和进修这些新技术，他们担心自己掌握的技能和派别可能不够先进。如果他们不能对某项技术进行长期的研究，那么他们就很难真正理解其中的原理和规律。

大量的研究数据和众多实例都表明，尽管大学生具有高度的思想活跃性和强烈的自我实现需求，但由于他们的心理发展尚未完全成熟，心理素质相对较差。因此，在面对激烈的社会竞争时，一部分大学生承受着巨大的心理压力，并出现了各种程度的心理问题。高校心理健康教育主要针对大学生这一特定群体。只要大学的心理咨询专家能够深入地学习和实践，他们绝对有能力帮助大学生解决他们在寻求帮助时所遇到的难题和困惑。高校应该把促进人全面健康地成长作为中心任务。为了实现其教育目标和价值，高等教育机构需要有一套专门为其量身打造的教育观念、工作方向、组织结构以及实施方法等。

第二节　大学生心理与行为特征

一、大学生的心理特征

为了有效地进行大学生的心理健康教育和日常的思想政治教育，了解当代大学生的心理特点是至关重要的。因此，对当代大学生心理特征进行系统而深入的分析具有重要意义。基于现有的学术研究和实际工作经验，当代大学生的心理状态主要呈现出阶段性、冲突性以及可塑性这三大显著特点。

（一）阶段性特征

阶段性特征具有双重意义：首先，大学生正经历人生的青春阶段，这与他们的幼年、中年和老年阶段有着明显的区别；其次，大学生在不同的学习阶段，其心理特征会有显著的差异，也就是说，不同年级的学生在心理特点上存在差异。其中最突出的是青春期心理特点的差异。

1.社会角色转变特征

大学生正在经历社会角色的转变，他们在这一过程中展现出与人生其他时期明显不同的特质。这些特点既与家庭因素有关，又受学校教育的影响，还受到自身心理发展水平等多方面的制约。

第一，充满自信、积极乐观。随着年龄的增长，大学生逐渐形成了一个独立的自我意识和自我评价系统，开始对自己有更多的认识和了解。他们有强烈的自尊心和自信心，敢于面对现实，勇于挑战自我。

第二，主动进取、勇于创新。这是当代大学生最鲜明的个性特点之一。大学生们对未来持有浓厚的期望和探索欲望，对未知的事物表现出强烈的好奇心和敏锐性。在这个阶段，他们常常会为未来事业的成功奠定坚实的知识和心理基础，同时这个阶段也是培养创造性思维的最佳时期。

第三，情绪强烈、情感丰富。青年人都渴望获得成功，而失败则是人生中最大的痛苦之一，因此在大学阶段也就容易形成一种不健康的心态——自卑感。部分大学生倾向于公开表达自己的情感，对于自己内心的需求，他们会全力以赴地去满足。

正因为年轻的大学生拥有这些独特的心理属性，他们才更有动力去为自己的未来奋斗。因此，如何正确引导大学生克服受挫心理是摆在每一个思想政治工作者面前的重要课题之一。

2.在校期间的心理状态

不同年级大学生的心理特质存在着显著的差异，这些差异呈现出明显的阶段性特点。一般从新生入学到毕业离校这一时期是其成长过程的关键时期，这个阶段既是生理发育和成熟的重要转折期，又是心理素质发展变化最迅速的时期。从宏观角度来看，大学生在学校生活中会经历三个独特的心理阶段，即适应期、发展期、成熟期。

首先，所谓的适应期，主要是指学生进入一年级的这段时期。这一时期大学生刚刚进入大学校园，开始适应校园生活，并初步建立起自己的人际关系网络。处于这个发展阶段的大学生，他们需要应对全新的学习和生活环境、新的社交环境、更新的学习材料以及新的学习策略。由于刚刚步入大学校园，许多学生还没有适应大学所带来的各种变化。他们对大学的生活感到新奇，同时也有些许的忧虑。由于心理不适应而产生的焦虑情绪使他们感到迷茫和痛苦。他们为能进入大学而感到骄傲，但由于缺少面对大学生活的经验，他们感到自卑。他们在迷茫中徘徊，在失落中悲伤。他们信心满满，却又因自己的能力不够而苦恼。在仔细地为自己的未来做规划的同时，也会感到困惑和迷茫。

其次，发展期主要集中在二年级和三年级。这个时期的学生正处在人生发展最重要的转折时刻。此刻，大学生已经逐渐适应了大学的日常生活，步入了一个相对平稳的阶段。此时，大学生普遍关心自己未来的发展方向和前途。他们所关心的核心议题是学习与职业发展的规划。此时大学生对自己未来发展方向的定位比较明确。

最后，成熟期，这主要指大学四年级。在这个阶段，大学生们对社会有了自己独特而清晰的认识，他们不再像以前那样把眼光盯着学校和老师，而是更多地关注社会现实。经历了数年的大学时光后，他们在世界观、人生观和价值观上都逐渐建立了自己的认知，并在心理上也逐步走向成熟。在这个阶段，他们会对自己今后的工作产生一些疑问。在这个时刻，他们正面对着毕业和找工作的挑战。面对社会上各种诱惑的冲击，他们产生了许多困惑。特别是在就业方面的压力让他们感到极度不安。

（二）冲突性特征

现代大学生所处的时代，传统的价值观正在逐渐被边缘化，他们追求的是多样化的价值观念。由于大学生在许多方面尚未完全成熟，他们还没有建立起一个相对稳定和先进的价值观体系。因此，他们对事物的价值评估还不能始终保持一致，而是充满了变数。因此，大学生的思想状况也呈现出复杂多样的特点。从心理角度来看，大学生的心理状态充满了各种矛盾和冲突。这就要求高校积极采取措施来帮助大学生解决心理问题。在大学生群体中，常见的心理冲突和矛盾主要集中在以下几个关键领域。

1. 理想与现实之间的冲突

大学生的成功意识相当强烈，他们有较好的学习基础，思想活跃、求知欲旺盛，善于独立思考，具有较强的进取精神和创新精神。然而，在他们当中，有些人常常缺少实现梦想所需的毅力，他们不愿意脚踏实地、一步一个脚印地奋斗，而是更倾向于期待能够一步到位，大放异彩。这样的学生往往缺乏坚定正确的信念和坚强的意志。他们对现实中的很多事情感到不满，甚至有时会对现实社会中的各种矛盾和问题产生悲观的情绪，这就不可避免地会让他们产生困惑和怀疑。同时由于自身素质等原因，他们还可能会产生自卑感和逆反心理。大学生在成长过程中有一种"自我实现"的需要，希望得到别人的理解、支持，从而获得成就感，感到自我价值得以体现，这是人之常情。

2. 情绪和理智之间的冲突

大学生们的情感波动大，并将自己的喜好作为评价准则。由于受社会环境、家庭出身等因素的影响，部分大学生往往把自己的理想与现实截然对立起来，从而产生一种"我不适合做什么"的想法，这就形成了一种消极的情绪状态。这种状况在人与人之间的交往中表现为，对自己的直觉过于自信，这经常导致与同学之间的关系变得紧张。有一部分大学生对社会缺乏了解，对现实感到失望。这主要是由于他们的心理尚未完全成熟，常常依赖于直观的感知或经验来评估自己和周围的人或事，他们的心智尚未完全成熟，缺乏理性的思考方式，因此他们的自我控制和反思能力相对较弱。

3. 独立与依赖之间的冲突

大学生展现出了强烈的自主精神，他们渴望摆脱家庭和教师的束缚。因此，他们常常把自己看成一个独立的人，而不是父母、教师眼中的"小大人"。然而，在财务和人际交往方面，他们仍然无法自主地应对学习和生活中的各种挑战，也难以摆脱对家庭和教师的依赖。因此，在一定程度上，他们会受到来自外界的影响而产生一种被束缚感。他们渴望独立，但又不得不依赖，这不可避免地导致他们经常陷入独立与依赖之间的冲突中。

4. 自尊与自卑之间的冲突

大学生的自尊心都比较强，渴望有机会展示自己的才华，得到同学和老师的认可。但是，在大学校园里，尤其是在一些名校里几乎个个都是中学的"尖子生"，都有自己的一技之长。有些学生进入大学后，蓦然发现自己的优势已经不再是优势，自己在群体中的竞争力并不是那么强，进而产生了自卑的心理。这种心理困惑在那些来自农村、家庭贫困的大学生身上表现得尤为明显。

（三）可塑性特征

大学生心理的可塑性特征与阶段性特征是紧密联系的。大学生正处于向成年人转变的阶段，他们的各种心理品质还不稳定，心理结构还不够优化，心理素质还有待提高，因而心理可塑性较强。大学生的心理可塑性突出表现在以下两个方面。

一方面，趋利避害，完善自己。随着生活空间的扩大、生活经验的积累、各方面知识的增加，大学生的主体意识越来越强，他们开始更全面、客观地审视自己，调整自己的心理状态，完善自己的心理结构，逐步构建起自己独特的价值观念体系，形成特有的人格。他们开始自觉地发展和强化对自身成才有利的优势，克服和弥补对未来发展不利的劣势，不断提升自己的竞争力。

另一方面，求新求变，适应社会要求。随着大学生社会化程度的不断提高，以及对社会发展走向洞察力的增强，他们开始认真思考如何更好地适应社会。近年来，不少大学生在校期间就十分关注本专业乃至相邻专业的就业状况，关注人才市场的动向，有的还自觉地利用课余时间参加各种技能培训班，以适应人才市场的变化，这充分表明了大学生已开始形成与时俱进、求新求变的心理品质和精神状态。从事学生教育和管理的工作者，能够非常深刻地感受到大学生心理的这种变化。

二、大学生的行为特征

（一）总体行为的特征

任何行为都是心理活动的外在表现，一个人有什么样的心理活动，就会表现出与之对应的行为。大学生的生理接近或达到成熟，必然进一步促进行为的发展变化。在大学阶段，随着身高、体重的增长与性的成熟，大学生们不仅从体态上感到自己像个大人了，而且从内心体验上也增强了这种成熟感。在这一意识的支配下，很多行为主体都体现出独立性；他们向往未来、精力充沛、血气方刚、思维敏捷、充满热情、富有创新精神，出现了众多的新需要，尤其是精神方面的需要力求处处显示自己的精力和能力，同时他们的智力发达，性意识增强，但是，他们心理的成熟却落后于生理的成熟，特别是在处理异性问题和对待社会问题方面，往往显得束手无策。所以，大学生的行为既具有逐步走向成熟的积极的一面，又具有并未真正成熟的消极的一面，比如，他们的情绪易被动，对事物缺乏全面、客观的认识，对此，他们应多接受正面、积极的教育，培养辩证、冷静的思维习惯。

（二）情感相关行为的特征

情感是客观事物是否符合人的需要所产生的态度体验，是人脑对二者之间关系的反映。情感作为人类心理活动基本过程的一个方面，它影响着认识、意志活动的进行，也影响着交友、恋爱及人际关系的形成和发展，只有当大学生的情感得到良好的发展时，他们的身心才能够全面和谐地发展。高校教学活动是具有多方面教学目标和自身特点的高级、复杂的教学活动，在这一活动过程中，师生双方共同进行着知识、信息的传递、反馈，进行着思想的交流、碰撞，也发生着情感的交流。教师如能充分调动和利用情感的积极因素，必将有利于提高学生的学习积极性，也有利于陶冶大学生的情操和增进身心健康。通常情况下，大学生与情感相关的行为特征主要包括以下几点。

1. 易激动，两极性明显

大学生进入大学后，崭新的大学校园生活令他们激动，对知识的追求、人际关系的拓宽，使他们的情感体验内容变得丰富多彩。

由于大学时期是人生情感体验最丰富的阶段，是与情绪兴奋有直接关系的肾上腺激素进入旺盛分泌的阶段，大学生易兴奋、易激动，情绪体验强烈，常呈现"疾风暴雨"式的激情状态。我们经常可以看到，课堂上教师一个生动的例子，立即会引起学生们热烈的情绪反应。大学生的激情状态具有双重性：积极的方面是他们热情奔放、豪情满怀、勇往直前，可能形成创造惊人业绩的巨大动力，如可以做出为真理、正义而斗争献身的壮烈的行动；消极方面则表现为易冲动、不冷静，甚至会做出一些蠢事和坏事，如常常为一点小事而大怒，甚至做出不理智的行为。

由于大学生辩证逻辑思维发展水平还不高，对待问题易偏激，也由于影响他们情绪的各种社会因素大量出现，他们的情绪易起伏波动，他们会因一时的成功

（如获得奖学金）而兴高采烈、兴奋不已，又会因一时的挫折（如考试成绩不好）而垂头丧气、懊恼不休。

2. 渴望理解、珍视友谊

友谊是人与人之间的美好情谊，它充实着学生们的情感生活，并为他们的学习、生活增添力量。大学生远离家庭，面临独立处理学习、生活中许多问题的局面，需要向他人倾吐自己的内心体验，求得理解和帮助，同时也愿意为朋友分担喜忧，具有强烈的交往动机，希望在相互理解、相互信任的基础上建立起真正的友谊。

大学生选择朋友的标准是多方面的，研究结果表明，主要是德、才和一些性格特征，当然也有少数学生把友谊错误地理解为"哥们儿义气""为朋友两肋插刀"，因而无原则地为朋友掩饰缺点、错误，还有个别学生把友谊建立在吃喝玩乐上。这些错误偏向当然应该得到纠正。

3. 爱情成为情感体验的一个方面

爱情是人的高尚的情感，是异性友谊得到进一步发展的一种特殊情感，诚挚的爱情可以塑造和谐完善的人格。大学生的身体发育已经成熟，性意识已觉醒并趋向成熟，期望拥有爱情的体验。他们生活在开放、活跃的环境之中，男女同学在一起学习、活动，相互交往接触的机会多，为获得异性的喜爱提供了有利条件。在这种环境中，大学生的爱情会因不同的动机而蕴含着不同的内容，导致在不同的层次上发展。有的学生出于对未来事业和婚姻问题的严肃考虑，同中意的异性恋爱了，如能把爱情和事业统一起来，很可能成为他们在大学期间学习和生活的推动力量。

第三节　高校心理健康教育模式

高校的心理健康教育并不局限于心理健康课程，还包括其他的种种活动，本节立足宏观层面，深入论述高校心理健康教育模式的构建。

一、构建三级干预组织机构

构建三级干预机构，是为了保证各级别组织机构的健全。保证既有执行机构、信息提供机构，又有干预领导机构，各级机构既要明确分工、各负其责、各司其职，同时也要明确归属、互相配合。

（一）一级机构

由高校负责学生工作的领导担任一级机构组长，高校的武装保卫处、医务室、大学生心理咨询中心、学生工作部（处）、校团委、各学院（系）的领导为组员，下设事务办公室，主要负责制定并发行心理健康教育方面的相关文件、整理心理健康教育相关资源、对高校校园心理危机进行处理以及领导二级机构开展本项工作。

（二）二级机构

二级机构为执行机构，通过学校心理健康咨询中心向全校师生宣传心理健康方面的相关知识、组织有意义的大学生心理健康教育活动。做到为每位大学生建立自己的心理健康档案，定期面向全体大学生开展心理咨询、心理健康问题疏导等活动，积极对大学生的心理健康问题进行干预。二级机构还要通过各种各样的相关渠道收集大学生心理危机的信息，要求必须做到对大学生的心理危机采取"早发现、早干预、早治疗"措施，当不能有效干预大学生重大的心理危机时，应及时向上一级机构上报。

（三）三级机构

这个机构主要由在校大学生组成，首先要在各年级每个班级设立一名心理委员，然后在每个学院团委学生会中设立一名心理联络部部长。能胜任班级心理委员的条件是该学生必须是本班级优秀的学生，最好是学生干部，必须热爱大学生心理健康教育工作，具有较强的社交能力以及捕捉相关信息的能力；各学院的心理联络部部长要由各学院推荐的优秀学生干部担任，该学生也必须热爱心理健康教育工作，并且应具有较强的组织协调能力。班级选定的心理委员应按时参加二级机构组织开展的心理健康教育方面的相关咨询培训，并且经常向本班同学宣讲大学生心理健康方面的知识，做到时时刻刻关注本班同学的心理健康状况。心理委员每周都要向心理联络部部长汇报本班同学的心理状况，心理联络部部长必须在每周固定时间向二级机构汇报本院同学的心理状况及心理动态。

二、建立四条信息反馈渠道

（一）大学生心理档案

对高校大学新生进行标准化的大学生心理健康测试并建立高校大学新生心理档案这一有效措施既是教育部对高校的一项工作部署，又是今后开展大学生思想政治教育工作的一条有效途径。这项工作不仅有利于及时发现高校中心理问题较严重的学生；同时也有利于高校了解大学生的总体心理状况，为今后有针对性地开展工作提供了第一手信息。根据大学生心理测试的结果，对于分值较高的学生，相关人员要进行保密形式的约谈。同时对被约谈学生名单及心理咨询的过程，要认真仔细地进行保密记录，以便今后进行后续的跟踪教育和相关心理辅导。如果在约谈过程中，发现有心理问题特别严重的学生，应及时地向领导机构反映该生的情况。

（二）班级心理委员、学院心理联络部部长

班级心理委员、学院心理联络部部长定期提供学生的心理危机的信息，由于他们比较容易深入学生中去，因此，能够更加及时准确地了解同学中出现的问题和情况，将同学中出现的异常状况和突发事件准确地反馈。

（三）各种形式的心理活动

如开通网络、电话咨询，增加心理咨询室值班时间，开设心理咨询博客、微信、信箱、电子邮箱，从而及时发现学生中存在的心理危机信息。

（四）家校联系

通过家庭得到学生心理健康的其他信息。学校应当加强与大学生家长的联系，让学生家长一同关注学生的心理健康问题。学生的家庭是学生心理问题乃至障碍发生的主要根源地，我们可以通过对家庭环境的了解，及时修正家庭教育方式存在的问题。

三、做到五个"结合"

为了建立立体化的心理健康教育模式，提升大学生心理健康教育实效，应该注意五个"结合"，即采用五项可行性措施。

（一）心理健康教育与思想政治教育结合

大学生思想政治教育和心理健康教育的目的是基本相同的。心理健康教育的手段是通过提升素质进而完善人格；思想政治教育的手段是通过提高人们本身的思想道德觉悟与水平来达到目的。两个教育在作用上、效果上是相辅相成的，提高学生的心理健康素质，对思想政治教育的实施也能起到相当大的作用；学生们只有确立正确的思想观点，才能促进心理健康教育下一步的进行。所以在开展两个教育的时候，需要了解学生们的心理需求并掌握其个性特征。此外，大学生心理健康教育也应该纳入课堂的教学体系，开设与心理健康教育有关的课程，让学生们能够正确地认识心理发展规律并掌握相关的心理健康知识。

虽然心理上的问题和思想上的问题既有区别也有联系、心理健康教育和思想政治教育既有不同点也有相同点，但我们不能把心理问题和思想问题混为一谈，类似的我们也不能将心理健康教育和思想政治教育混为一谈，而是要把两者有机地结合起来。

（二）预防、治疗结合

解决大学生的心理问题要注意预防、治疗相结合。

预防心理健康问题的措施应该从新生一入学就开始进行。新生进入大学一段时间后，各个高校需要组织进行心理测验、开展调查研究以把握学生心理上的变化以及思想上的波动，通过一系列的活动来了解大一学生的心理适应能力，个人心理健康档案的建立需要在第一时间进行，将普及、宣传心理健康知识作为辅助，这样才能使刚刚迈入校门的新生了解心理健康对大学生成长、成才的重要意义，然后帮助大一学生掌握调节情绪的方法，增强心理适应能力。与此同时加强学习适应性教育。各个高校相关部门要营造健康的、高雅的校园文化环境，宣传并组织各种文体活动，促进新同学们相互了解。各种活动的开展也可以提高新生对环境的适应能力，通过参加各种积极向上的活动，大一新生可以尽情地展示自己的才华。通过各种活动的进行以及有关部门的积极疏导才能有效地排解各种冲突与矛盾。班级与宿舍建设也是工作的重点，其中最重要的就是对宿舍的管理，提倡营造一个人人羡慕的、积极向上的"朋友圈"，通过严格的管理培养学生的团队协作能力、互帮互助习惯，减轻其心理负担，寻找、创造机会来倾听他们的心声，与他们共同合作、交流经验。

作为咨询中心的负责人来说，做好本职工作至关重要，可以通过危机预警指标体系显示的报告数据来判断，并且针对性地对学生的一些状况进行引导，采取具体措施针对不同的个体进行帮助；要联合心理医生对于那些心理有障碍的同学进行及时的帮助和治疗，使他们早日走出心灵的阴霾。

如果发现有心理疾病较为严重的同学，可以采取具体的测量措施，以实现精准评估，目的是避免出现不好的状况。学校可以采取以下几项措施：可以从有心理阴影同学的知心朋友入手，以深入内部来了解具体的情况，进而采取合适的措施、办法；情况严重的，可通知他的家人、亲属等，按照学校的具体条例进行处理。

（三）学校教育与自我教育结合

学校要积极地引导学生自我反省、自我认识，有意识地教导学生更加深刻地认识自身所存在的问题，引导学生能够对自己有个新的认识与评价。同时还要经常性地开展师生间的对话活动、同学间的联谊活动，让大学生有适当的场所交流和相互认识。对大学生所获得的成果进行展示，让他们发现自己的优点与长处，使他们能够得到认识自我的机会，努力帮助他们顺利完成自我的心理疏导，使他们能有正确的人生态度，成为理想远大、德才兼备、全面发展的人才。

（四）家庭教育与学校教育结合

对于刚刚入学的新生来说，他们的父母也有着心理知识欠缺的情况，他们更加看重的是学习成绩，从而忽略了心理健康这一重要的环节。应该对父母进行心理知识的灌输，使父母的心理学知识能够得到进一步的提升，以便于他们对子女进行疏导，避免孩子采取不恰当的方式解决问题。大学生内心深处由衷地想和父母平等地谈心，希望能得到父母的认可和必要的支持，他们更加期盼在心理问题出现的时候能够得到必要的帮助，因此家长的开导就显得更加重要了。学校在普及心理教育的同时，要注意与家长进行密切的沟通与合作。

（五）服务与管理结合

学校以及各个学院应充分重视一年一度的迎新工作，包括辅导员在内的所有相关人员应主动了解并解决新生的困难，更多地进行感情上的交流，使新生一到校立刻就有了如同回家的感觉。热情服务的同时，强化心理健康教育目标管理。

四、搭建六个平台

（一）高校学生科技创新竞赛平台

《中共中央国务院关于深化教育改革，全面推进素质教育的决定》指出了高等教育一定要重视和培养大学生的创新创造能力、创业精神以及动手实践能力，进而提高当代大学生的人文素质以及科学素质。

在现阶段，各个高等院校应该开展各种各样的科技创新活动，努力强化青年大学生的科技创新意识。当前，我国部分大学生创新意识淡薄、缺乏竞争意识，针对这种情况，更应该加大宣传力度，让大学生充分认识到科技创新能力对于他们成长、成才、成人的重要性，要通过举办多种形式的科技创新活动，培养大学生的科技创新意识，鼓励学生努力积极参加市、省、国家级科技创新比赛以及各项学术活动，让学生广泛涉猎不同领域的知识，从而加大拓宽视野的力度，强化创新意识，使学生以创新的眼光看待一切。

（二）高校学生自立自强榜样平台

通过"自立自强标兵"评选等一系列活动引导家庭困难学生树立自立、自强、自信、自爱的理想信念。教育贫困学子全面客观地认识自我、挑战自我，勇于面对自己的家庭和生活，客观地看待自己的优势和不足，把自己放在正确的位置上，努力发挥自身的优势和潜能，通过在大学的学习和生活不断磨炼自己的意志、提高自身的能力，努力实现自己的人生价值。应该经常教育他们：只有拥有自信的大学生才能勇于面对困难，才能用积极的心态看待生活并热爱生活！

（三）高校学生自我管理帮扶平台

大学生实行自我管理具有提高大学生自我约束力、适应社会主义市场经济发展、适应高等教育改革、实现终身教育等方面的重要意义。应从转变教育观念、鼓励大学生积极参加学校管理、充分发挥党员和院校学生干部的先锋模范带头作用、经常开展有意义的社会实践活动等方面开展大学生自我管理，提高大学生自我管理帮扶平台的有效性。

（四）校园文体活动平台

现阶段，大学生校园文体活动在内容上，要涵盖文艺、体育、美术、校园文化、寝室文明等多个方面的内容。活动方式要多样，要尽量使大部分大学生都能找到自己感兴趣的文体活动，增强大学生的参与意识和竞争意识，促进大学生之间的交流。应将各项学生文体活动融入主题教育之中，积极倡导校园文化主流思想，切实加强大学生思想政治教育，促进大学生道德素质的提升。

（五）校园艺术展示平台

展示活动和展示艺术作为一项有效的信息传播手段，以其非常直观、形象、高效以及系统的独特方式，使那些参观者在不知不觉中接受现在潮涌般的信息。现今，这些展示活动渗透到人类生活的各个领域，极其深刻地影响着我们的日常生活。大学生应充分发挥创造性思维和动手实践能力，通过多媒体等多种媒介展示自己的所学知识，真正做到学以致用。

（六）大学生就业创业平台

高校应以增强大学生创新、创意、创造、创业的意识和能力为重点，以深化大学生创业实践为导向，将激发创业与促进就业有机结合，打造服务于大学生创业就业的工作体系和特色阵地；将创业引导与立德树人有机结合，打造增强大学生社会责任感、创新精神、实践能力的有形工作平台。

第四节　高校团体心理健康辅导

20世纪90年代初，团体心理辅导理论传入我国，一些高校心理咨询工作者通过实践研究，从不同角度探讨了团体心理辅导对大学生心理素质的影响，实践表明，团体心理辅导在短期内解决大学生各种心理问题上取得了令人满意的效果。由此可见，团体心理辅导是一种应用广泛的改善大学生心理品质的重要教育形式。

一、高校团体心理辅导的内涵

团体心理辅导是心理健康教育中开展得较为广泛的一种方式，是一种有效的心理辅导方式。在国外和我国港澳地区的高校中，尤其重视团体心理辅导。团体心理辅导有别于个别心理辅导，它是在团体情景下提供心理帮助与指导的一种形式，即由辅导员根据同学们问题的相似性，组成课题小组，通过共同商讨、训练、引导，解决成员共同的发展问题或共有的心理问题。通常由一位或两位辅导员（或称团体指导者）主持，多个来访者（或称团体成员）参加。团体的规模因辅导目标的不同而不等，少则3—5人，多则十几人，甚至几十人。在举办的多次团体聚会、活动，参加成员互相交流，共同讨论大家关心的问题，彼此启发、支持、鼓励，成员不仅了解了自己的心理，也了解了他人的心理，改善了人际关系，调整了心态，增强了社会适应性，促进了人格的成长。

二、高校团体心理辅导的过程

（一）建立咨访关系

咨访关系本质上是发生在咨询师和当事人之间的动态联系，是一种职业性的新型人际关系，对当事人来说是一种富有建设性的亲密的人际关系。心理健康教育教师在咨询开端就应注意和来访学生建立平等、真诚、相互信赖的人际关系。

（二）搜集学生主要信息

在初步建立良好咨访关系的基础上，心理健康教育教师要注意搜集来访学生的主要信息。这些信息主要包括三个方面：一是来访学生的基本情况，如年龄、民族、家庭住址或联系方式、个人成长史、身体健康状况、学习状况、有无重大生活事件发生等；二是来访学生的基本心理特征，如人格特征、能力状况、兴趣爱好、人际交往风格、归因风格及应对方式等；三是来访学生的当前心理状况，这是信息搜集的核心内容。

（三）明确咨询目标

咨询目标为咨询指明了方向，也是制定咨询方案的基础和评估咨询效果的依据。团体心理辅导的目标应符合以下要求：第一，目标属于心理学性质，目的是解决心理问题；第二，目标应是积极的、富有建设性的，有利于学生身心发展的；第三，目标应是咨访双方均可接受的；第四，目标应是多层次统一的，既有终极目标又有阶段性目标；第五，目标应是具体可行的，具有可操作性。

（四）量身定做咨询方案

依据咨询目标，心理健康教育教师应进一步制定咨询方案。在制定咨询方案时，要考虑来访学生的问题性质和个人情况，同时综合考虑和把握不同咨询流派的常用技术，为学生量身定做咨询方案。

（五）进行具体指导

在执行咨询方案的过程中，心理健康教育教师应注意对学生进行具体指导，督促学生进行改变。由于心理现象的复杂性、多变性，以及大学生的心理发展特点，咨询者的行为易出现反复。心理健康教育教师应发挥支持者、督促者的作用，切实保证咨询方案的实施。

（六）评估咨询成效

评估咨询成效是咨询过程的结束阶段。心理健康教育教师在这一阶段的主要工作是评估目标收获并妥善结束咨访关系。

三、拓展高校团体心理辅导的应用

大学生心理健康素养培养是一个大的概念，并不仅限于心理健康教育课程或者心理健康教育讲座等活动，而是融入了大学生生活和学习的方方面面。同样，团体心理辅导也并非仅能在心理健康教育课程、心理健康教育讲座中应用，应当拓展其应用范围，充分发挥其作用，并将大学生心理健康素养培养融入高校教学和管理的全过程，下面提出几种团体心理辅导的应用方式抛砖引玉。

（一）针对新生开展团体心理辅导

刚刚跨入大学校门的新生正处在人生的一个重要转折时期，如果大学新生在这一阶段不能够很好地适应，就会在以后的学习生活中，出现目标迷失等一系列问题，直接影响大学生的校园生活质量。

大学新生大都处于同一个年龄阶段，在心理发展上也大致处于同一水平，他们在学习、生活、人际交往及情感活动的适应过程中遇到的问题和困惑，从总体上呈现出一种普遍性和规律性。团体心理辅导的形式具有开放、活泼、生动等特点，对大学生特别是大学新生具有强烈的吸引力，学生参与的积极性较高，因此，运用团体心理辅导来解决大学新生中存在的一些共性问题是合理有效的。成员可以同时学习模仿多个团体成员的适应行为，从多个角度了解自己、洞察自己，进而摆脱面临的困扰。

（二）针对特殊学生群体开展团体心理辅导

贫困大学生的心理问题主要表现为自卑、人际交往障碍、抑郁、焦虑、偏执等。因此，应设计目标明确的团体心理辅导，并根据目标有针对性地选择最适合解决该问题的活动项目，引导大学生参与活动，鼓励其发表看法，启发其进行思考，使他们能够正确认识贫困问题，全面了解自己，客观地评价、欣赏自己，做到自尊、自信、自强，真正地融入大学生活。

学业困难群体在大学生中占有一定的比例，是学生当中一个特殊的群体，他们往往在学习、道德品质和遵守纪律等方面存在一些问题。对学业困难学生如若教育不当，可能不利于他们的健康成长，对学校、家庭和社会也可能会产生不良影响。然而学业困难学生与普通学生的差距并非与生俱来，只不过是在成长过程中受到某些不良影响导致的。如果教育者能够深入地审视学业困难学生身上的闪光点，适时地采用合理的方法加以引导，就可以为每个学业困难学生搭建走向成功的舞台。

团体心理辅导是促进学业困难学生成长的一种有效手段。在团体心理辅导中，教师不是简单地说教，而是通过活动引导学生参与，通过教师的尊重和鼓励引导学生表达自己的观点。改变大学生对成败的认知，使之认识到能力与努力对成功的重要性；使他们明确不同的归因会带来不同的情绪反应，从而学会处理和控制情绪，提高学习效率。要让大学生明确消极的认知观会带来消极的情绪和行为，应引导其将不良情绪宣泄出来，帮助其找出自己学习方面的优势，通过提供相近的学习科目方面的成功经验，让其产生积极的信念。

（三）在思想政治教育中开展团体心理辅导

1. 在思想政治课程教学中开展团体心理辅导

大学生的适应能力不仅要在实践活动中提高，也要在课堂教学中加以完善。

目前的大学生思想政治课堂通过教学改革，已经改变了传统的单一授课方式，增加了小班讨论课，增加了教师与学生的互动环节，已经收到了较好的教学效果，但是仍有部分学生缺乏学习主动性，为此，可以将团体心理辅导引入课堂教学中，提高学生的学习主动性，在体验互动中引导学生成长，提高大学生的基本素质，提高大学生的适应能力。目前的大学生思想政治课程大多都同时具有理论性和实践性，对于课程中的实践性内容完全可以应用团体心理辅导的方式进行。

团体心理辅导是一项较为适合大学生的团体活动。团体心理辅导中，不但有丰富多彩的游戏，而且还有同学间的感悟分享、理论探讨等环节，这种在活动中进行的交流是同学们所愿意接受的，是他们通过自己的所思所想得到的，因此很容易消化成自己的观点，进而指导自己的行为。团体心理辅导在思想政治课堂教学中的引入将打破以前的固有模式，建立和谐、平等的师生关系，真正搭建以学生为中心的课堂，使得学生获得的知识更加深刻，这将极大地增强思想政治课堂教学的开放性与实效性，同时也将弥补传统思想政治课教学的不足，真正达到高校思想政治课教学"育人"的目的。

2. 在党团组织建设中开展团体心理辅导

党团组织是大学校园中最重要的组织，是大学校园内开展各式各样活动的中坚力量，也是培养大学生适应能力的重要载体之一。一些形式单调、缺乏吸引力的活动使得党团组织的影响力和参与度大打折扣。团体心理辅导的引入则可以很好地改善这一状况，借助团体心理辅导来开展党团组织活动，可以让广大党团员告别枯燥、单调的开会形式，转而在寓教于乐的游戏中学到有用的知识，改变个人的思想和行为，进而使党团组织的战斗力和凝聚力得到极大的提升。

第五章 大学生核心素养培养之职业核心素养

本章为大学生核心素养培养之职业核心素养，主要内容包括大学生职业核心素养培育现状、大学生职业核心素养培养的主体协同、大学生职业核心素养培养的体系优化、大学生职业核心素养培养的机制革新。

第一节 大学生职业核心素养培育现状

一、重观念轻设计，培育目标割裂

目前，越来越多的高等教育机构开始重视职业核心素养的培养，并在其办学理念、人才培养理念等方面都强调了这一点。然而，需要指出的是，受传统教育观念和模式的制约，大学的人才培养呈现出理论与实践相脱节的现象，未建立起真正有效的大学生职业核心素养培养体系，导致其人才培养的针对性不足。大学生对于学校的职业核心素养教育的接受度和满意度并不高，这也在一定程度上揭示了大学在加强专业知识和技能训练的同时，对职业核心素养系统化培养的忽视。

（一）人才培育目标设计不够明确

提倡职业核心素养，并非意味着否定知识与能力，相反，它是对这两者的融合。在此过程中，情绪、态度、价值观等非智力因素的塑造也需要依赖于知识与能力，这离不开知识的传递和经验的积累。如果在人才培育过程中，仅将学生视为"活的图书馆"来储存知识，或者将他们视为"移动的机器"来训练技能，那么这样做不但无法全方位地培育学生的职业核心素养，反倒可能会使得大学的人才培育目标变得狭隘。所以，对于大学生来说，职业核心素养的提升是一个全面的项目，需要将其融入人才培养的目标中，并明确设定具体的目标。

（二）职业核心素养培育不够全面

大学生职业核心素养培养目标模糊而引发的另一个问题是其培育的不全面性，这主要体现在两个层面：一方面，有些高等教育机构的产教融合并未达到预期效果，其教学目标和行业需求之间出现了"错位"，导致人才培养目标和职位实际需求出现了"脱节"。在人才培育过程中，如果不加思考地扩充规模、不加思考地设立专业、不加思考地培育人才，那么所培育的学生将无法满足行业进步和生产改革的真实需求，从而引发就业市场的"结构性"冲突，导致毕业生找工作困难和雇主招聘困难的问题同时出现。另一方面，有些大学过于强调人才培养和职业就业的关联性，他们的人才培养目标过于侧重雇主对技术应用能力的期望，却忽略了学生在职业生涯中持续发展所需的创新创造能力、交流沟通能力以及团队协作能力等素质要求。因此，这些大学通常采取的是一种"注重技能、忽视素质"的人才培养策略。学习能力、批判性思维、主动探索和研究等学习创新能力的缺失，都严重阻碍了大学生在新的职业环境下的职业适应和职业持续发展。

二、重传授轻应用，脱离现实需求

大学生职业核心素养的薄弱点主要体现在技术运用、问题处理以及机器管理等实际操作能力上。此外，对于大学生职业核心素养培养过程中存在的问题，高校的教师和学生都清楚地指出，学校与企业的合作关系并不紧密，校内外的实习、实训以及实践环节的作用也发挥得不充分。由此，我们可以看到，大学生职业核心素养培养过程中存在着与现实需求不符的问题，这主要体现在以下两个方面。

（一）企业参与性不足

在大学生职业核心素质的培养过程中，如信息技能、数据分析技能等相对明显的素质，可以通过课堂教学和课外实践来获取。技术运用能力、职位转换能力以及创新创造能力等相对隐蔽的素质，更多地需要行业公司的职位锻炼和激发，有一个技术技能的积累和聚集的过程。

对于大学生的职业核心素养的全面培养，我们需要考虑到多个参与者的融合以及各个元素的交互，尤其是学校和企业之间的人才共同培养、流程共同管理、责任共同承担、成果共享。然而，在实际的培训过程中，受到组织属性、各方利益等多种因素的制约，许多公司并未积极投入职业核心素养的活动中。尽管各个大学都在热衷于寻找合作伙伴，但是紧密的伙伴关系并不常见，公司对于大学生职业技能培养的热情并不高，责任也并未明确。尽管大学生在公司实习期间，实习实训与公司的安全生产存在冲突，但公司的生产效率和进度并未因为学生的实习实训而减弱或者改变。因此，学生的公司实践通常是由教师讲解、教师现场示范，学生旁听、观察，这样就导致了他们在实习实训期间缺乏实际技能的锻炼。尽管这种方式可以帮助我们了解公司的职业文化，增强我们的职业适应性，但在技术运用、设备管理、任务完成等实际操作能力的培养上，其作用并不显著。

（二）高校教学脱离现实需求

1. 课程设置和教学内容安排缺少企业参与

因为缺少行业公司的参与，大学很容易在一个相对封闭的环境中独自发表观点，这导致了课程设计和调整缺乏明确的方向，无法满足产业进步和生产流程快速变化的需求。由于教学内容的设计缺乏与企业的对接，知识更新过于滞后，教学内容无法与最新的生产实践过程相结合，学生所学到的大多是一些过时的知识。

2. 课程教学忽视现实职业发展需求

尽管大部分高等教育机构在人才培养上表现出了明显的技术导向，但一个不能忽视的问题是，一些学校在各种技能的培养上仍然偏向于口头传授。这个问题在理论教学和实践教学环节中都有显著的体现。一方面，在理论教学环节，一些大学的专业教学仍然存在着死记硬背的情况，过于强调知识的传授和获取，学生在运用知识分析问题和解决问题的能力上并未得到相应的训练和提升，这导致了他们在批判性思维和创新能力等方面的不足。另一方面，在实践教学环节，由于实习实训环境和设备条件等因素的限制，大学的实践教学效果不尽相同。随着高等教育机构的持续扩展，学生人数逐渐增多。尽管大学生已经按照规定完成了预设的实训任务并获取了实践学分，但是实训团队的大规模化，使得每个人参与实际操作的机会和频率降低，学生在实践过程中运用技术、发现问题、解决问题的能力并未得到充分的提升，实习和实践的成果并未达到预期。这个问题也在大学生的顶岗实习环节中表现得淋漓尽致，非专业性的实习情况频繁发生，这对于大学生职业核心素养的提升并无益处。

3. 高校实践教师队伍专业化不足

在一些高等教育机构的教师队伍建设方向中，过度强调引进高学历人才和培养高知识群体，在某种程度上忽视了打造高级技师、工程师等技能型教师队伍。因此，大部分高校的专业教师都是从学校走向学校，缺乏实际工作经验，也缺乏与生产实践相结合的直观感受。由这些教师进行的实习和实训，其效果肯定会大打折扣。因此，为了满足高校教师的需求，企业顶岗实习和企业技术挂职等必不可少。

三、重教育轻融入，各部门协同不足

（一）各个部门缺乏协作，未形成合力

大学生的核心素养包括知识、技能、情绪、态度以及价值观等多个维度，而培养他们的职业核心素养则是一个复杂的系统性任务。这不仅需要来自政府、公司等利益相关方的帮助，同时，大学内部的各个学院、各个功能部门的协同与配合也非常关键。

然而，实际情况是，一些大学在培养学生的职业核心素养方面，并没有构建出科学的组织结构，各个部门之间的行政惯性依然存在，缺乏有效的沟通和交流，协作和配合只停留在表面。这种"过于强调教育性培养而忽视融入性培养"的状况，不仅没有达到 1+1>2 的效果，反而在某种程度上削弱了培养的效果。

（二）缺乏合理、有效的质量监控和评价

培养大学生的职业核心素养是一个持久的过程，通过对这个过程的监督和评估，我们可以实时观察到学生的素养水平的进步与转变，这是确保并提高教育效果的关键步骤。目前，对于大学生的职业核心素养进行评估，存在诸如评估标准不够科学、评估内容不够全面、评估方法不够合理等问题，导致大学生的职业核心素养培养缺乏持久性。

1. 评价标准的科学性不足

对于大学生的素养评估，应该与行业企业的实际需求相匹配，参照行业企业的准则进行评估。目前，大学的技术素质评估主要依赖于职业技能证书。然而，对于职业品格、创新素养等方面的评估，部分大学并未从国家职业资格框架出发，

常常是根据自身需求自行设定评估标准，甚至有些大学并未制定独立的评估标准，仍然受限于传统的课程学习评估，评估的方向性不够明确。

2. 评价内容的全面性不足

大学生的职业核心素养是多种素养要素的集合，主要可以划分为显性和隐性两种。显性素养通常在学习过程中立即获得，能够通过学习成果展现出来，质量的监控和评估相对简单。目前，大学所使用的评估方法包括纸质测试、实践操作评估、职业资格认证以及职业适应性测试等。隐性素养主要是通过持续学习积累而来，只有在特定的环境或场合下才能体现，因此，对其质量的监控和评估相对较为困难。尽管一些大学已经将学生素养积分系统和教学质量整改系统等融入隐性素养中，但由于缺乏行业企业的参与，其针对性和实效性仍然不够。

3. 评价方式的合理性不足

目前，大学的素养评估主要侧重于结果评估，以定量的书面评估为主要方式。这种评估方法具有很强的实施性，但是难以准确反映出具体的职业环境，在一定程度上忽略了非智力性素养的评估，无法关注到学生个体素养需求的差异，以及职业核心素养水平的变化，对于大学生职业核心素养培养的过程监控和指导帮助不大。

第二节　大学生职业核心素养培养的主体协同

一、多主体结合：明确主体责任

大学的利益相关者构成相当复杂，这不只是涉及与大学有着密切联系的政府、管理层、教职员工、学生、家长、校友等各方，还涵盖了与公司有着紧密关系的管理层、职员、行业以及公司协会等各方。毫无疑问，在培养大学生的职业核心素养的过程中，各个利益相关者的地位和影响力各异，因此他们的利益关系也会有所区别。为了深入探讨，我们参考了相关学者关于利益相关者的分类标准，并结合了大学教育的独特性，将这些在职业核心能力培养中的利益相关者大致分为确定型、预期型以及潜在型，具体情况参见表5-2-1。根据其利益属性的划分，我们可以将它们分类为核心利益主体、重要利益主体、边缘利益主体。毫无疑问，各种类型的大学的利益相关者可能存在差异，那些与利益紧密相连的确定型和预期型的利益相关者在培养大学生的职业核心素养上将发挥更大的影响力。

表5-2-1　大学生职业核心素养培养的利益主体

类型	利益特点	关系结构	利益主体
确定型	核心利益主体	共同体关系	高校、教师、学生
预期型	重要利益主体	合作型关系	政府、企业、行业协会等
潜在型	边缘利益主体	松散型关系	社会组织、媒体、中介等

（一）高校、教师、学生的责任与功能

对于高校来说，人才培养是其存在的合法性基础和基本职责。在培养大学生的职业核心素养时，大学急需打破思维束缚，开放式教学，以满足地区经济社会发展的需求为目标，通过加强与政府、行业企业等利益相关方的积极沟通，扩大大学生的生存和发展空间，不断提高大学人才培养的质量。例如，坚定地推行校企合作和产教融合的教育理念，在条件允许的情况下，积极推动混合所有制教育模式的改革，支持和激励私人资本甚至外资资本进入高等教育领域。这不仅可以解决大学办学经费短缺的实际问题，还有助于更紧密地进行校企合作，及时动态设置和调整专业，优化课程体系和人才培养方案，避免大学生职业核心素养培养走入误区。

在大学里，教师与学生都是职业核心素养培养的重要参与者，并且他们也是最重要的受益方。特别地，教师作为大学生职业核心素养培养的主要推动者，他们通过"教"的方式，直接向学生传递相关的知识和技巧，这在很大程度上影响着大学生职业核心素养能否得到有效的培养，以及培养的质量和水平。在此过程中，教师的职业道德和价值观将对学生的职业素养和修为产生重要影响。需要强调的是，信息化时代的到来、知识经济以及信息技术的进步，使得我们需要教导学生们以科学的方式去处理日常所接触的各种复杂信息，以及正确判断这些信息的真实度、稳定度以及精确度。对于高校学子来说，他们就像是职场基础能力的最直观的传递者。在经历了高考的挑战后，他们进入大学深造，作为一个"准职业人"，如果想要在未来的职业生涯中获得必要的品质和关键技能，掌握谋生的方法和工具，就必须立即从单纯接受文化知识的习惯中解脱出来，参照职业核心素养的标准，不断提升自我学习的意识和能力，学习做事，学习共处，学习生存，学习改变，努力培养自己未来职业发展所需的职业核心素养。

（二）企业的责任与功能

伴随着我国高等教育的进步，逐渐形成了一种以校企合作为主导的教育模式。目前，"双主体"的校企合作教育模式已经被广泛认可，它是一种非常有效的方法。在这种模式下，一些企业不仅为学生提供了专门的实习环境和实践场所，还利用自身的行业优势，真正参与到学校的教学活动中，很好地融入了整个人才培养流程。这样可以提高职业核心素养培养的针对性和有效性。另外，高校教育专业的调整和人才培养计划的制订都基于产业和行业的转型发展，而深度的产教融合以及校企合作则是大学生职业核心素养培养的重要环节。

（三）其他主体的责任与功能

1. 政府教育主管部门

作为权力机构，政府凭借其独特的资源和职能优势，在人才培养过程中能够起到一定的协调和统筹作用。对于大学生的职业核心素养的培养，政府的宏观协调作用是不可忽视的。首先，政府教育主管部门扮演着"调控者"的角色，它们是设计并推动教育政策的关键因素。它们通过修订并优化有关高等教育的法律条例，更清晰地界定政、商、学、公、私等各方在高等教育人才培养上的权益与责任。其次，也被视为"投资者"，它们的投入不仅包括人员、设备、资金的投入，还包括对于大学生职业核心素养的培养以及技术技能实践与训练的支持。最后，它们还扮演着"监督者"的角色，它们负责监督并调整各项教育政策，以便更好地满足社会的需求。

2. 潜在利益主体

一些潜在的利益相关者，对于大学生职业核心素养的培养也会产生一定的影响。社会本身就是最优秀的学校，是培养职业核心素养最广泛的学习和实践环境。一些社会组织和团体作为利益相关者，其人才培养的社会效应正在不断增强。例如，教育中介组织逐步走向规范化和专业化，其作为"第三方"的监督和评估功能日益强大；大学生的家庭环境和成长背景，以及家长的教育观念，在某种程度上也会对大学生的职业核心素养的培养产生影响。另外，伴随着信息社会的到来，信息及其媒介的潜在利益主体地位日益突出。例如，在通讯科技和移动互联网的推动下，电子学习、移动学习以及其他数字科技为大众创造了众多的学习机遇，学习环境、学习时长、学习关系的改变极大地扩大了学生的学习领域，非正式的线上学习与正规的线下教育相辅相成，一起在大学生职业核心素养的培养中起到了重要作用。

简而言之，要有效地培养大学生的职业核心素养，需要各方利益相关者，特别是高等教育机构、企业和政府教育管理部门等共同承担责任，共同建立一个支持大学生职业核心素养培养的系统，如图 5-2-1 所示。

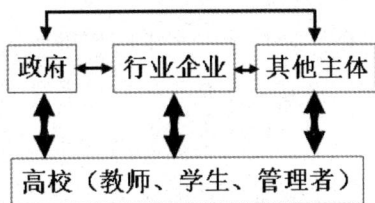

图 5-2-1　大学生职业核心素养培育的支持系统

二、多要素互动：加强资源整合

由于大学生职业核心素养的含义与特性，在培养过程中会产生不同的实践需求，这些需求都与教育资源的相互作用密切相关。换句话说，只有把相关的资源转变成可以进行职业核心素养培养的教育、创新、创业、场景模拟、实习和训练的工具，我们才能更好地培养满足公司发展需求的专门技术人员。信息化时代的到来，给人力资源的有效利用带来了全新的挑战。无论是学习和创新素养，还是信息和技术素养，都极大地拓宽了原有的职业素养范围。高等教育机构必须毫不动摇地执行高等教育创新发展行动计划，同时开发新的思维方式和挖掘新的资源。实际上，由于行业产业的进步是永不止步的，新资源的整合和开发也将是永无止境的。因此，对于大多数高等教育机构来说，在现有条件和资源有限的情况下，需要更清晰地理解资源载体的优势和利益相关方的利益需求，激活现有的教育资源储备，提升资源使用的边际效益，以产生更好的互动效果，并最终实现协同价值的最大化，最大程度地提升大学生职业核心素养的培养质量。

根据对大学生职业核心素养培养的资源互动的逻辑推导，高校的产教融合以及校企协作的实际需求，应该展示出高等教育的职业特质、社会特质、生产特质等，反映出理论学习与实际操作、人才培养模式与企业招聘准则、专业课程安排与行业能力需求等多元因素的相互作用，达到人才共同培养、流程共同管理、责任共同承担、成果共享的目标。

纵观我国近年来的产教融合和校企合作，虽然在理念上已经达成一致，但在实践中难以达到乐观的状态。这主要是利益的不平等和资源使用效率低下所导致的。因此，在大学生职业核心素养的培养过程中，基于各种利益驱动和资源共享的互惠互利、多元协作，是各方合作的基础和前提，其目标也就是激发和调动各方利益主体的积极性和主动性。在此，大学应积极参与，在国家经济产业政策的引导下，依赖特定的产业和行业，在充分的交流和协调的前提下，通过共同建立实训基地、共同建立研发中心、共同制定专业标准和课程体系等，建立相对稳定的战略伙伴关系。例如，大学通过建立由校企共同参与的校企理事会、专业建设委员会等机构，促进了产学研用的深度整合，并将职业核心素养与企业的招聘标准相融合，以此来有目的地培育出满足产业和行业发展需求的高级技术技能人才。对于政府而言，高等教育机构的人才培育方法与地方政府的经济社会发展策略相吻合，政府及其相关机构有可能进一步采纳，并制定一些优惠措施，以促进政府和学校的共同成长。对于企业而言，提高人才的专业技能培训水平将为企业带来更多的收益，满足企业未来的运营需求。对于大学而言，专门的职业技能培训不仅为公司间接带来了经济和社会效益，也为地方的经济社会进步提供了服务，同时也必然会获得政府、行业、企业等其他利益相关方的支持和帮助。因此，多元化的参与和多元化的互动，最后会形成政府、企业、学校共同参与，资源共享，技能共同培养的利益模式，以及学校和企业共同合作的利益驱动机制，从而在多元协同培养的基础上实现各方的共赢。

第三节　大学生职业核心素养培养的体系优化

一、优化目标体系

高等教育机构的培养目标和标准与社会生产和职业需求紧密相连，由于各个学科专业所服务的对象和职业岗位各不相同，大学生的培养目标和标准也会有所差异。例如，对于工科专业如机械、电子等，更注重实践操作能力，对信息素养的需求更高；而市场营销、电子商务等文科专业，由于受市场环境变化的影响较大，其对学习和创新素养的需求更高。因此，根据各个学科专业的人才需求和特性，笔者设计了一个将大学生的职业核心素养融入培养目标的方案：首先，对职业岗位和资格标准进行分析；其次，对工作任务和职业素养进行分析；再次，对专业核心课程进行设置分析；最后，对职业素养的考核评价进行分析。

首先，我们需要对各个职业群体进行科学的评估，并在此过程中广泛而深入地收集反馈信息，以便对未来的职业岗位以及他们的任职资格做出全面的评估、预测和分析。其次，根据学科专业的总体培养目标以及职业岗位的工作任务，我们需要调整和优化人才的培养标准，明确各个职业岗位的核心素养的结构和发展水平，从而制定出具有实际操作性的专业培养目标。再次，根据职业核心素养的培养目标设计有针对性的课程体系，涵盖理论与实践两大部分，并进一步细化核心课程、相关课程、综合课程等。最后，通过课程学习以及其他教学活动进行职业核心素养培养的考核评估，以便能够实时了解各种能力的发展水平，并能够有针对性地进行干预和调整。

需要强调的是，鉴于大学生职业核心素养的系统性，仅仅依赖课程教育是无法达成培养目标的，因此，有必要将职业核心素养的培养有效地融入大学的整体教育体系中。例如，通过实践教育、文化教育、网络教育和心理教育等方式，不断提升大学生自我培养的意识和能力，在校园活动和实践中自我构建和创新知识、技能、价值观等，成为职业核心素养培养的积极参与者。

二、优化内容体系

职业核心素养培养是一个富有价值的教育理念，它是宏观教育目标体系的一部分，在教育教学过程中无法直接进行操作。课程教学是学校教育任务的关键环节，同时也是实现人才培养目标的主要手段。为了培养大学生的职业核心素养，我们需要依赖于课程教学，并在课程中实现各种素养的针对性转化，同时也要将这些素养融入课程体系中，逐渐构建出满足大学生职业核心素养培养需求的课程体系。

（一）基于职业核心素养培养开发课程

目标体系的具体化体现在内容体系上。一旦确定了培养目标，就要思考如何将职场中的工作任务转化为学生应该掌握的知识和技能，以及基于此的职业核心素养，这是课程开发的基础和前提。毫无疑问，如果无法明确地阐述工作任务应达到的水平、层次和目标，就无法准确地划定知识和能力的界限。因此，选择适当的课程设计和开发理念至关重要。

美国最早提出了以成果为导向的教育观念，并以斯派迪的成果导向教育金字塔为典范，迅速在欧洲、亚洲国家和地区得到广泛传播，已经成为教育改单的关键指导。其主要特征是成果"以标准为导向"，学生的发展有明确的定义准则，管理者的控制来自课程目标和学习成果。这种更实际的教育观念，更有效地应对了信息社会职业和岗位变动带来的学生素质不断提升的需求，为课程的转型提供了一条有效路径：以职业核心素养的培养目标为中心，明确定义素养的元素和结构，以成果为导向，进行相关课程的教学转型，确保培养目标与课程需求的一致性，满足工作世界和教育世界的双重需求。[1] 具体而言，以职业岗位需求为导向的课程开发，是以素养的元素和构造为基础的反向设计，实际上是课程体系在支持素养构造，每个课程的教学内容都应与素养构造相匹配。例如，基础课程的设定主要依赖于职业认知和理解，强调的是知识的融入；专业课程的设定则取决于岗位规范和任务，强调的是知识和技能的掌握。

（二）基于职业核心素养培养完善课程体系

纵观当前的教学体系，大部分高等教育机构的课程设计都是以能力为核心。这种以能力为主导的教学体系强调专业知识的针对性和实用性，其主要特点包括：

---

① 花鸥，曾庆琪.成果导向教育理念下职业核心素养培育的实践逻辑及其课程建构 [J].职教论坛，2019（6）：50-55.

课程目标是为了完成工作任务或工作流程；教学内容是基于真实岗位的实际工作；教学体系的构建遵循工作流程的设计和运行；评估标准主要关注工作任务的完成情况。在信息社会中，技术、生产和人的关系被重新定义，从而使得能力本位向素养本位转变。由于素养的含义和范围比能力更为广泛，因此在课程设计中，我们应该注重对能力培养的提升和扩展。在比较素养为主导的课程体系时，能力为主导的课程体系已经在很大程度上确立了素养培养的理念框架，并且具备了在职业核心素养中某些知识、能力等方面进行培养的实际可能性。因此，素养为主导的课程体系是对现有能力为主导的课程体系的优化和提升，如图 5-3-1 所示。

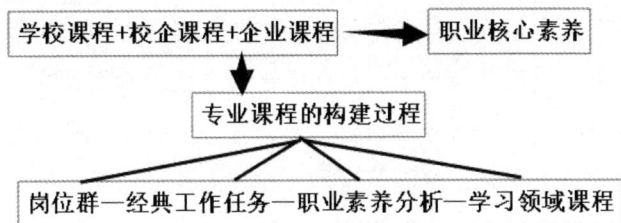

图 5-3-1　素养为主导的课程体系

　　在学校教育中，主要包括基础课程和专业课程。目前，大学生的职业素养较为缺乏，如批判性思维、劳动观念、法律和规则意识等，这些都需要通过通识课程进行深入的培养。因此，在大学课程设计中，优化和完善以"课程思政"为理念的"思政课程 + 专业课程 + 通识课程"的课程体系，是必要的。我们致力于提升思想政治课的教学质量，以此来塑造学生的爱国精神、职业素养和道德品质；我们也在不断深化专业课程的改革，并在校内外进行实践操作，以此来提升学生的职场适应性、技术运用能力、任务完成能力和数据分析能力。同时，我们也在加大对传统文化、人工智能、信息科技、区块链等通识课程的投入，以此来提升学生的质量观念、问题处理技巧、创新思维、信息处理和机器管理能力。

　　就学校课程以及企业课程来说，其实质都是与各个行业、企业紧密相连的专业课程。另外，部分学生在顶岗实习实训过程中，还会接触到全面的知识，因此，企业必须为他们提供与学校专业课程相匹配的特定培训，或者将课程内容整合到一起，这也正是当前推动产教融合发展的重大挑战之一。

（三）基于职业核心素养培养开展课程教学

高校主要通过教学流程来提升大学生的职业核心素养。通常，这个流程还涵盖了理论教学和实践教学两个部分，它们之间是相互依赖并且相互补充的。

1. 理论教学

理论教学是根据预设的课程结构来进行的，主要通过课堂来实施，其重点在于知识的掌握以及情绪、态度等的培育，这些都构成了各类技能的基石。在理论教学过程中，教学内容的选择与取舍、教学模式的拓展与延伸以及教学方法与手段的创新，都将对职业核心素养的培养起到关键作用。

（1）教学内容的选择与取舍

在传统的教育理念里，选择教学材料的主要依据是对知识的理解，强调知识的全面性和系统性。这些选择的准则最初源于人类社会所积累的经验中最精彩的部分，然后根据这些信息进行分类组合，形成各个学科。这样做的目的是为学生的不同阶段的学习打下基础，然而，这种方式在某种程度上忽视了学生的全面发展需求，因此产生了许多"单向发展"的学生。以大学生的职业核心素养为基础，我们需要重新评估教学内容的选取，打破旧有的理解框架，转变过去的教育思维，由以学科知识为主导转向以核心素养为主导，强调教学内容的全面性、创造性、动态性和时代感。我们不仅需要关注学科专业的理论知识、行业知识、社会实践知识，同时也需要关注通识和复合的跨领域知识的整合。

（2）教学模式的拓展与延伸

日本学者佐藤学认为："教师活动的核心不是讲授，而是倾听。"[1] 在教学过程中，接受和倾听这两种基本的心理活动，不应该在任何教学活动中形成对立，而应该是相互融合且不可或缺的。[2] 无论是"奥苏伯尔式"的被动学习，还是"布鲁纳式"的主动探索学习，都需要在两者之间建立必要的联系。在传统的教育观念中，"一家独大"的接受模式，在某种程度上偏离了教育活动的本质，在实际操作中变成了"灌输式"的教育。随着知识经济和信息技术的进步，教学领域得到了进一步的扩展，使得"教"与"学"的距离更加接近。为了满足学生职业核

---

[1] 佐藤学.教师的挑战：宁静的课堂革命 [M].钟启泉，陈静静，译.上海：华东师范大学出版社，2012.

[2] 张建桥.培养学生核心素养亟待教学转型 [J].中国教育学刊，2017（2）：6-12.

心素养的新需求，我们必须摒弃传统教学模式中将"接受"视为唯一的观念，重新构建以学科专业核心素养为基础的教学方式，推崇自主、协作、探索的学习方式，强调培养学生批判性思考、积极探索、协作以及批判性地发现、运用信息和数据进行分析等职业素养。对于大学生来说，职业品格与修养、生活与生涯素养、学习与创新素养、信息与技术素养等职业核心素养在相对封闭的教室环境中难以培育，特别需要社会环境的渗透、行业企业职业情境的模拟，甚至是真实的操作体验。目前，在大学教育中采用的体验式、探究式、情景式和翻转式教学方法具有一定的发展前景。

（3）教学方法与手段的创新

"互联网＋教育"的兴起给学生的职业素养带来了新的挑战，不仅需要有信息意识，还需要具备获取信息、处理信息以及数据分析等能力。另外，技术的发展和生产方式的改变，不仅需要劳动者拥有更高的学习、创新和技术能力，还需要他们能够利用互联网提升沟通和交流的能力、多元文化的理解能力、创新和创造能力、任务执行能力以及资源整合能力等，以适应不断变化的职业角色和职责，进而实现高效地工作。在教育领域，为了满足"互联网＋职业核心素养培养"的新需求，我们必须深刻理解慕课、在线开放课、云课堂等模式的进步，以及它们对教学方法带来的巨大改变。从单一的教材教学扩展到双向混合教学、从以教师为中心转变为以学生为中心，更好地满足了当代学生个性化学习的需求。同时，也在一定程度上提升了学生的在线学习、广泛学习和混合学习技能，使他们能更有效地掌握学习方法。

2. 实践教学

高校的实践教学是培养大学生职业核心素养的主要途径。在这其中，校内的实习实训和校外的顶岗实习是必不可少的两个环节，当然，这两者都需要在充足的实训环境和深度的校企合作基础上进行。

（1）校内的实习实训

在大学里，实习和实训是提升学生技能的主要途径之一。通过学校的实习和实训设施和平台，学生可以在模拟的企业工作环境中按照预定的任务和流程进行操作。教师不仅能够实时监督学生的任务完成情况，还能全面跟踪学生的实际操作过程，提供精确的指导。因此，实习和实训摆脱了传统课堂教学的限制，将课堂所学的知识与实际工作环境相结合，达到了提高能力的目标。另外，执行实践操作的过程，也有助于提升大学生的工作观念、品质观念、交际技巧、团队协作技巧、问题处理技巧等。如果遇到了实践操作效果无法得到评估的情况，可以采取编写操作日志、编制操作指南等途径，让操作指导老师来做出判断，这也是课堂学习的组成部分。

（2）校外的顶岗实习

若将校内的实习实训视为在模拟的职业环境下的实战演习，那么校外的顶岗实习就是针对实际职务环境的实战操作。许多大学的人力资源教育主要实施的是"2.5+0.5"或"2+1"的教育方式，顶岗实习通常会在第五个或第六个学期开始。在实际的岗位实习中，学生们能够像"徒弟"一样直观地投入岗位的运营中，并能够获取"师傅"的亲自指导。这种实际的岗位实践经历让他们深刻理解了职业技能的关键价值，从而提升了他们对职业技能的理解和认同。显然，大学应该与实习企业协作，通过定期访问等手段，加强对外地顶岗实习的学生的管理，实时获取并掌控实习的最新情况，构建一套完整的监控与矫正系统。

大学的实践教育环节里，各种专业的职业需求各不相同，因此对各个专业的实习和培训期望也各不相同。例如，像是机械、电子这样的工科专业，其职业的真实工作环境与实践教育的匹配性相当强，因此，大学里的实习和培训成果相当理想；而像是财务、文秘这样的文科专业，其职业的真实工作环境与实践教育的匹配性相对较弱，因此，实习和培训效果并不理想；至于像是电子商务、市场营销这样的专业，其专业的实践教育环境相对更为宽松。由于市场环境和其他因素的巨大影响，实际的职务岗位和实践教育的匹配程度相对较低，因此，企业的顶岗实习的效果更为显著。毫无疑问，任何一个专业的实习和训练都需要充足且先进的实验和训练设施作为支持。尤其是在大学的资金总体不足的情况下，更新和更换实训设备等对每一所大学来说都是一项巨大的压力。在全面考虑后，最有效的方法还是依赖于深度的学校和企业的合作，通过实际或虚拟的资源整合来应对这些问题。

三、优化服务体系

以实践活动为基础的服务体系是目标体系的根本支撑，同时也是内容体系的有益补充。大学生职业核心素养涵盖四个层次的二十八个要素，不只包括了知识、技能等明显的素养，还包括情感、态度、价值观等隐藏的素养。这些隐性能力大部分可以被视为非智力因素，它们的特性更为复杂和抽象，很难在短期内通过教学过程来培养。更多的是需要校园文化的渗透、实践活动的滋养等，我们将其统一称为"整合式"的实践活动培养模式。

（一）建设优良的校园文化

在某种程度上，大学生的职业核心素养培养需要一个环境，而打造富有职业特色的校园文化在这个过程中起着关键的作用。所谓的大学校园文化，是指大学在教育实践中塑造的，反映了学校职业特性、教师和学生职业需求的人文环境和行为规范的总和，通常包括物质文化、制度文化、行为文化、网络文化等多个领域。相较于一般学校的校园文化，大学的校园文化更具有职业性。在校园文化建设中，将职业文化理念融入其中，可以更有效地提升大学生的人才培养质量，保证他们的职业核心素养的培养。例如，"信誉""效益"等价值观，"质量""竞争"等经营理念，"责任""创新"等发展理念，以及"合群""协作"等行为理念，都对大学生的情感、态度、价值观等职业核心素养的培养起到了至关重要的作用。

（二）开展多样的实践活动

大学有责任最大化其教育的效用，通过创设优质的实践环境和场所，指导学生独立地塑造并提高他们的专业基本素质。例如，通过举办专业文化节、科技文化节、道德演说、学术讨论会等，推广正面的文化，使得学生在各种不同的知识和文化的碰撞下，加深对祖国的热爱、对专业的理解和对个人的认同，塑造他们的专业理念和精神，进一步提升他们的专业品格和修养；利用学生组织、学生联盟、团体委员会等机构，举办各种各样的学生活动，使得学生们在这些活动中提升自己的领导才华、交际技巧、整体策略等；注重社区实践的影响，以明确且有序的方式推进并激励学生们参与各类技术比赛、技术培训，并且适当组织他们参与志愿者服务、岗位体验、社区研究等实践性活动，以此提升他们对于社区及职场的了解。

（三）加强创新创业教育

在"全民创业、全民创新"的环境中，职业生涯的发展及其策略、创新思维及技巧的培养对于大学生的职场进步具有重要影响。目前，许多大学的职业规划课程已经融入了创新创业课程。以下是加强创新创业教育的途径。一是拓宽创新技能的培养途径，例如设立开放的实验室、让老师和学生联合构建科研和创新小组以及成立学生创业社群。二是执行创新和创业的训练计划，例如，可以设立大学生的创新和创业训练项目，同时提供必要的财政支持，以激发他们的积极性。三是进行创新创业的理论指导，例如，依照教育行政机构的指导，定时推出创新创业相关课程以及创业教育演讲。四是要激发学生的创业热情。现在，绝大部分的大学已经构筑了大学生创新实践平台，一部分学校还开设了特别的创新型教育机构以及创新型孵化器。各类学校对于创业教育和实践的关注度的增加，能极大地提高大学生的创新创造能力。同时，在大学生投身于创新创业的过程中，他们的劳动观念、交流技巧、团队协作技巧、问题处理技巧等也能得到适当的提高。

四、优化评价体系

在培养大学生的职业核心素养的过程中，所包含的素养因素是多样且复杂的，这就意味着培养质量的监督和评估将发挥更为关键的作用。通过对培养质量的监督和评估，一方面，教师能够实时准确地了解学生的职业核心素养的发展情况，从而为教育教学提供清晰的路径和引导；另一方面，也能帮助学生客观且精确地反思自己存在的不足等，进而为持续学习和职业成长设定清晰的目标。

（一）明确评价主体

大学生的职业核心素养体系包含了知识、技能、情绪、态度和价值观等多个方面，其深厚的内涵表明，仅仅依赖高校这一单一实体进行评估是不够客观和全面的。例如，学习与创新素养中的问题解决能力、创新能力，以及信息与技术素养中的任务执行能力、机器管理能力等，都不是教师在课堂教学中能直接培养的，而是需要在实际的环境中进行培养。因此，对于大学生职业核心素养培养质量的评估，需要在评估主体上进行创新。除了高等教育机构，教育管理部门、行业组织、公司、社会团体、家长等各方都可以成为评估的实际参与者。通过各方评估主体的共同努力，我们能够从多个角度对学生进行全面的评估，这样得出的评估结果也更具有客观性和全面性。

（二）革新评价理念

针对大学生职业核心素养的提升，我们需要对高等教育的教学品质进行全面、即刻的评估。目前，诸如麦可思（有良好公信力的第三方教育数据咨询和评估机构）这样的教育评估机构，其主要的目的在于筛选出合适的评估标准，并且其评估的焦点在于大学生对各个领域的专业知识和技术的理解和运用。许多职业核心素养元素的评估往往依赖于简单的数字化信息，这使得对其培养质量的评估变得异常烦琐，因此，我们需要对其评估的策略和工具做出适当的调整与创新。在这个过程中，我们不仅需要深度融合人才培养目标、课程体系和指标体系，还需要设计出易于操作的方法和技术，并可能需要建立科学的预警和反馈机制。这种评估方式更像是一种形成性评估，需要高等教育机构以大学生的职业核心素养框架为参考，采用定量和定性相结合的方式，通过使用针对性的评估工具和手段，准确地测量大学生职业核心素养发展的实际情况、及时识别并解决存在的问题，根据此进行诊断和优化，从而在教学内容、方法等方面做出适时的调整。

（三）丰富评价手段

大数据、移动互联网、云计算、多媒体等技术的广泛运用，都为职业核心素养的评估提供了全新的途径与策略。对于高校学子来说，他们的职业核心素养的评估能够通过合理运用尖端的科技工具，持续优化评估机制，从而有效地处理评估过程中遇到的问题。例如，一些国家正在努力利用大数据资源开发评估工具，并采用诸如发放态度调研问卷、进行表面评价等方法进行评估。针对中国的大学，我们能够利用大数据分析技术，收集学生在家庭、学校、社区、公司等各个领域的实际数据。通过这种方式，我们能够找出问题所在，明确各个领域的联系和发展趋势，从而更深入地理解和把握学生在职业核心素养方面的真实进步。

（四）关注群体差异

在进行大学生职业核心素养培养质量评估时，我们不仅需要准确地展示大学生职业核心素养的总体发展情况，还需要通过评估来推动和引导各个学生的职业核心素养的发展。因此，我们还需要关注不同群体学生的差异化评价问题。鉴于学科专业、认知基础、知识结构等因素的差异，各个群体的学生在职业核心素养发展上的存在差异。在进行培养质量评估时，需要妥善处理普遍性和特殊性的关系。我们不仅要考虑到大学生职业核心素养发展的总体情况，还要关注到不同学科专业、不同群体甚至不同个体之间的差异。通过使用差异化评价方法来分析问题和不足，以形成适应各种大学生职业核心素养培养需求的评价结果。对于大学生的职业核心素质的均衡和全面发展来说，这更为有利。

需要强调的是，评估完成后，我们需要立即向学生反馈评估的结果，以便他们能够及时发现并改正职业核心素养培养过程中的缺陷和问题。通过这种更具针对性的实践，我们可以弥补一些不足，进而提升职业核心素养的质量和水平。

第四节 大学生职业核心素养培养的机制革新

一、组织管理机制柔性化

按照现代教育管理的观念，教育机构的主要任务就是实现教育的目的。现在，大多数大学都在使用一种分级的管理结构，这其实就是一种分级的管理方法。其中，一级的学院（系）负责教育与管理，并且主要是负责人才培育的。尽管二级学院（系）并未拥有行政功能，但是，在两级管理的真正落地过程中，学校以及其他行政机构拥有大量的行政权力，这使得学院（系）的主导地位受到影响，从而阻碍了对学生职业核心素养的全面培养。所以，根据外界条件的改变以及内在状态的转变，大学必须适时地修正和优化其机构架构与作用，以增强其在竞争中的实力，从而为大学生的专业技能的塑造提供必要的环境支持。

（一）组织管理模式转型

从本质上来看，大学的主要教育单元就是专业，这种科级结构不同寻常，它的组织运营方法反映了以专业为中心的观念。尽管当前的大学结构设计相当稳固，但大学不论使用的是两级的校、院（系）或者三级的管理方法，都只能算作一种相对稳妥的方法。为了解决大学目前的教学机构管理所面临的"阻碍"，并确保大学生的专业能力得以真正提升，我们需要在"去行政化"的观念引领下，优先对机构的运营模式进行重新设计。我们需要摒弃过去的"硬性"管理，转而走向"柔性化"的路径。现阶段，灵活性的组织管理方法包括矩阵式、网状式等几种类型，它们在管理观念上都主张突破部门的边界，跳出中级的组织管理部门，直接瞄准组织目标和服务客户。根据"柔性化"的管理理念，大学应该在"去行政化"的方向上，大胆地调整和优化部门设置和职能定位。同时，将职业核心素养的培养任务以目标的方式，分别划分到教学组织、职业指导、质量监控、后勤保障等各个职能部门，形成以专业教学院系为核心，决策层、管理层、执行层在同一水平上的"扁平化"的管理模式。这种方式的最大优点在于管理层次较少，能够更有效地避免组织管理层级降低导致的管理效能损失问题。

（二）管理权下放

在权责分配方面，我们需要强调专业学院（系）的教育自主权，遵循两级管理的准则和标准，同时将人权、财权、物权等权力下放，真正实现管理权的下放，使专业学院（系）真正成为教育和人才培养的主导者。逐渐建立起学校层面的宏观指导、行政职能部门的分工协作、专业学院（系）主导的组织运营体系，在大学生职业核心素养的培养过程中，重视"关键少数"，实现"关键少数"与"绝大多数"的同步共振效果。

此外，在大学的组织架构中，专业教研室是最基础的部门，它根据一个专业或相似的专业群进行设置，负责最基本的教学管理工作，但并没有行政管理权。然而，专业教研室的职责与人才培养紧密相连，从全面的专业人才培养计划的制订到专业人才培养目标的设定，再到专业核心课程的安排，以及理论与实践教学活动的组织实施，都是专业教研室的职责范围。在培养大学生的职业核心素养的过程中，专业教研室扮演着重要的角色，负责确保培养方向的准确性。因此，如果环境允许，高等教育机构的组织管理需要进行灵活的改革，这时候，我们应该合理地设定专业教研室的管理权限，以便更有效地激发其活力，充分发挥其作用，实现权力的扩充和能力的提升。

二、课程管理机制系统化

对于课程管理，国外和国内的专家们根据他们的研究焦点有着多样化的解释。

美国有学者提出，课程管理是一个权力与信息的集中分配系统。而瑞典有学者则主张，课程管理是一个涵盖了从概念化到执行，再到创新的全过程。钟启泉教授持有此观点，课程管理并非只局限于课程本身，还包括了对课程内容的规划、执行和评估等一连串的监督行为。在《教育管理学通论》一书中，张新平教授阐述了学校课程管理的定义，即学校根据课程政策，结合自身的教学环境和培养目标，对课程的设计、决策、执行和评估等一系列的管理行为进行组织、领导、监督和检查。因此，大学的课程管理是一项系统性的任务，"期望实现的教育目标"是目标和准则，确定课程结构体系是前提和基础，课程标准的设定和教科书的编写是不能忽视的问题，也是课程体系能够有效执行的关键保障。

（一）合理制定课程标准

课程标准主要反映了人才培养目标的需求。从现行欧美国家的课程标准设定情况来看，总体上展现出大力培养核心素养的发展趋势。例如，美国在 21 世纪技能方面通过制定"共同核心州立标准"，在联邦国家层面确定以学生的学业能力为质量准则，课程标准在 21 世纪能力框架模式中关于"核心科目与 21 世纪议题"的融合上有所体现。在传统的数学、阅读、艺术等主要学科的基础上，我们重新设计了课程体系标准，特别强调了全球意识、公民素养、理财素养、健康素养、环保素养等五个方面。欧盟的三分之一的国家已经在国家级别上设定了"培养核心素养"的教育目标。2006 年，法国发布的《共同基础法令》通过立法方式，把核心素养的要求融入教学目标中。此外，西班牙、芬兰、荷兰等国也相继推出了关于核心素养的教学大纲。观察全球的核心素养教育课程标准的设计流程，我们可以将其划分为三种类型：美国所代表的"外推式模式"，这种模式的核心素养是独立于课程体系的，由特定的机构来设计；芬兰所代表的"内嵌式模式"，它将核心素养融入国家的课程体系中；日本所代表的"植入式模式"，它在特定的课程目标中展示了核心素养。考虑到我国高校教育课程体系的实际情况和特性，日本的"植入型模式"在综合三种课程标准制定方式后表现出更优的适应性。参考日本的课程标准模式，我们应该在研究以学生素养为核心的课程标准时，满足三个主要要求：首先，在课程教学目标上，我们需要关注产教融合和校企合作的背景，明确大学生职业核心素养培养的要素和结构；其次，在课程教学内容上，我们需要明确学生在各个学科专业领域需要掌握的职业素养；最后，在课程教学质量要求上，我们需要明确不同阶段、不同类型、不同年级学生在职业素养上应达到的质量和标准。

毫无疑问，在制定大学职业核心素养课程标准的过程中，我们需要注意三种关系。第一种关系是国家统一标准与地区差异标准的关系。由于各地区的经济发展水平不同，对人才的培养需求和目标也应有所区别，这种差异是由职业机会所决定的。第二种关系就是学校、企业等各方利益相关者的关系。在制定高等教育中的课程体系和标准时，需要考虑到各方在人才培养过程中的责任和作用，并在整合课程体系的基础上，广泛听取各方的意见，进行全面的评估和制定。关于第三种关系，即学生的核心素养发展与学科专业的核心素养培养的关系。学生的核心素养是所有学生必须掌握的最重要的共性素养，而学科专业的核心素养则是根据各个学科专业的特性来设定的培养目标。总的来说，这两者是一种整体与部分、共性与特性的关系。换句话说，学生的核心发展能力在整体上决定了学科专业的核心能力，而这些核心能力在特定的学科专业领域中得到了具体化和类型化。因此，高等教育机构在制定学科专业课程标准和实施课程目标时，必须在两者都得到考虑的前提下达成共同培养的目标。

（二）结合现实需求编排教科书

教材既是老师对学生学习成绩的评估方式，也是激发学生思维的参照资料。对于大学生的专业核心能力的塑造，必须依赖于以能力为基础的教材。因此，即使课程架构再怎样完备、课程规范再怎样系统化，倘若没有合适的教材，也难以确保其在教学过程中的有效执行。

目前，在信息科技的飞速发展和生产模式的转变下，大学教育需要深入理解并掌握在此过程中，人才培养的角色和方法的变化。这不仅是大学教育改革的核心，也是大学教材编写所面临的重要且棘手的问题。在此环境中，一旦教材的编写开始，在课程的教学内容框架相对稳定的前提下，最关键的任务就是思考如何将我们精心挑选的、期待展示的元素进行有效的设计和组织，并以最佳的形式呈现。例如，在"互联网＋"的环境下，云教材的诞生和推广应用。这个过程与确定内容有所不同，编排方式是否科学合理，及其能否吸引学生的兴趣、激发学生的学习热情等，都会在一定程度上影响职业核心素养的培养效果。换句话说，教科书的编写者甚至比创作者更为关键。

毫无疑问，针对大学的通识课本和专业课本，其编写过程也存在差异。这同样反映了学校与公司的双重期望。首先，在选择教科书的内容上，我们将关注大学生未来的职业发展需求，强调其实用性、实践性以及实效性。实用性的定义是，在考虑到大学生的"最近发展区"的同时，也要兼顾未来的职业选择以及个人的职业成长需求；而实践性则是为了满足高等教育的实际应用需求，突显"在做中学、在学中做、在做中思"的特质；实效性则是为了在信息社会职业关系不断变化的新环境中，培养出具备新的职业核心素养并且能够掌握前言知识与技能的人才。其次，关于教材的组织方式，我们需要清楚地理解"以学习为目标的设计是为了更有效地推动职业核心素养的提升"的思想。教材不应该只是对已有结论的简单复制，而应该发挥引领学生独立研究的作用。换句话说，一本"适宜的"教材不只能传授给学生最基础的专业知识，还能激励他们运用已经掌握的专业知识，去评估、分析并处理新的职场和社会问题，从而达到知识、技能、态度、价值观等的综合提升。这就是培养职业核心素养的关键支撑。

另外，高等教育机构的有效课程管理离不开科学的课程评估。作为教学评估和优化的关键参考，课程评估可以协助调整和优化教学进度安排，提升大学生职业核心素养培养的实际效果。现阶段，江苏省的大学正在进行教育评估和优化的项目，这其中涵盖了专业和课程的改革部分。它们提倡的"预设目标、执行过程监控和预警、后期评估和优化"的常态纠偏方法，已被证明是一种相当有效的课程评估管理方法。

三、双师型教师管理机制

作为教育和教学过程的关键角色，老师的行为会直接决定学生的基本技能的发展。只有当老师拥有适应教育和教学所必需的专业知识，他们才能够满足专门的教学需求，在教学过程中负责培养学生的基本技能。因而，教育工作者的职业修养的提升不可忽视。例如，新加坡极其注重教育工作者的进步，规定每位教育工作者在开始工作前，都应该经历国立教育学院的预备教育。中国的大学教授们在开始工作前，也应该经历严谨的预备教育与评估，达到"双师型"教育工作者的标准，这是他们进行教学工作的基本前提。

（一）重视教师知识发展，建设双师型教师队伍

根据文献研究，自从教师职业化开始，教师的知识就受到了大众的广泛关注。自 20 世纪 80 年代开始，关于教师知识的研究开始出现一种偏向于削弱学科知识的趋势。美国的学者舒尔曼对此问题进行了评论，并通过个案研究，提出了教师在高效教学中需要掌握的七个主要知识点，尤其是"教学内容知识"（Pedagogical Content Knowledge，简称 PCK），也就是将学科知识和教育学知识相结合。

尽管舒尔曼的教师知识架构理论并未带来颠覆，但他所提出的 PCK 理念为教师知识的探索开辟了新的道路。20 世纪 90 年代，尤其是 21 世纪初，教师知识已经逐步转变为教育领域的焦点议题，专家们在深度探索教师知识的含义与组织的过程中，也一再强调了教师知识的关键作用。例如，相关专家的定量分析揭示了，教师的授课技能的评估结果和学生的考试分数之间存在着积极的联系。

教师知识研究的目标是推动教师的专业成长，并通过教学方式影响学生的核心素养的培养。现在，信息社会对学生的职业核心素养提出了新的标准，因此教师的知识结构也必须与时代同步。这并不意味着教师的知识越丰富，实践能力就越强。对于那些注重培育高级技术人才的大学来说，"双师型"教师的重要性尤为突出。1990 年，中国教育报首次提出了"双师型"教师的理念，现在已经被纳入国家政策的范畴。《国家中长期教育改革和发展规划纲要（2010—2020 年）》对"双师型"教师的定义：拥有专业技术资格证书和职业资格证书。换句话说，不仅需要拥有教师资格证书，还需要拥有技术资格证书；不仅需要掌握专业的理论知识，还需要掌握实际操作的知识。但是，现在的教师知识体系和学生的基本素质培养存在许多冲突。设想一下，一个从小学到大学的全职教师，自己都没有接受过全面的专业实践训练，那么他又该如何去提升学生的实际操作技巧呢？在大学生的四个领域中，二十八个关键因素的职业核心素养的提升，其本质并非只是提升他们的基本技能和必需的性格特质，更深层次的目的在于为高等教育的人才培养设定明确的教育教学准则，以供教育教学参考。面对此类状况，大学老师需要拥有深厚的专业理论基础，并且能够随着经济社会的进步以及工作职务的转换，适时地刷新和扩充自己的知识库。同时，他们还需要依照自己的专业发展需求，构建出符合其需求的实际操作技巧，以便精准且有力地提升大学生的职场核心素

养。在整个流程里，采用如实地学习、企业驻扎、临时培训等手段，不仅是切实的，也是必须的。

此外，为了构筑一支稳固的教师团队，高校需要吸纳具备岗位实战经历的优秀技术人才，并雇佣相关企业的技术专家作为兼职老师。

（二）建立教师教学共同体

在培养大学生的职业核心素养时，高等教育机构需要关注优化和整合教师资源，确保各个行业、公司和专业的教师能够在学生的职业核心素养培养过程中实现资源共享和优势互补，从而形成一个教师教学共同体。

1. 教师教学共同体的含义

在理论研究的层面，共同体的概念最先由德国社会学家斐迪南·滕尼斯提出，即"通过某种积极的关系而形成的群体，是统一对内对外发挥作用的一种结合关系，是现实的和有机的生命组合"①。20世纪90年代首次提出的教学共同体理念，在21世纪之后逐渐引起了教育领域的广泛关注。尽管当前尚未有一致的定义来描述教学共同体，但已经形成了一些基础性的观点：教学共同体的目标是解决教学过程中需要师生共同面对的实际问题，进而促进师生的共同发展和提升。

2. 教师角色定位的转变

目前，"互联网＋"概念的诞生与演变，不仅影响了我们的日常生活，而且也给传统的学校教育带来了巨大的影响，引领我们走向教育科技、教学形式以及教学手段的转型。在此过程中，教育集团也开始经历一系列的转型，逐步形成了一种全新的"虚拟教育集团"。主张的观点：如同本尼迪克特·安德森的"想象共同体"，将互联网思维与云计算技术相结合，可以让教育环境变得更为开阔、教育背景变得更为虚幻、教育素材变得更为充实、教育交流变得更为频繁、集团文化变得更为多样。这个全新的教育模式的诞生，极大地突破了教育的场所以及时间的束缚，对教育行为的结构设计产生了深远的影响，极力吸引着诸如教育监督机构、公司、社团等各方的参与，从而推动了教育资源的提升和创新。毫无疑问，在此情况之中，大学作为关键的参与者，需要充分履行其协调各个环节、集成资源的任务，并且积极地促进教育集群的构建，以此来提高大学生的职业基础能力

---

① 滕尼斯.共同体与社会[M].张巍卓，译.北京：商务印书馆，2018.

的培养水平。而对于教育的实际操控者、策划人、组织人，大学老师的身份定义显得至关重要。根据研究，为了适应"互联网＋教育"的新潮流，高校教师的角色和定位需要随着时代的发展进行六项转变，如表5-4-1所示。特别需要强调的是，微课、翻转课堂等信息化教学改革的推动，使得大学教师的信息化教学能力得到了显著提升。因此，教师需要顺应"互联网＋教育"改革的发展趋势，积极学习信息技术的最新成果，并主动进行信息化教学的探索和设计，丰富教育教学的内容和资源，提高信息化教学的能力和水平。

表5-4-1　高校教师的角色和定位的转变

项目	传统教育时代	"互联网＋教育"时代
与新技术的关系	被动接受新技术	主动拥抱新技术
与学习的关系	阶段学习者	终身学习者
与学生的关系	线下面对面沟通	线上交互式沟通
教学活动过程	重视课堂知识传授	重视设计学习过程
教学活动目标	教给学生标准答案	教会学生多维探究
教学活动评估	单向的课堂展示	多样化的创作与分享

四、深入式校企合作机制

由于大学生的职业核心素养需要系统化的培养，同时高等教育的实际操作性也需要强化，这就要求我们必须构建稳固的校企合作关系，以避免"壁炉现象"导致的合作效果不理想的问题。对于校企合作，根据合作的紧密程度，我们可以将其划分为1.0、2.0、3.0三个阶段，具体情况参见图5-4-1。

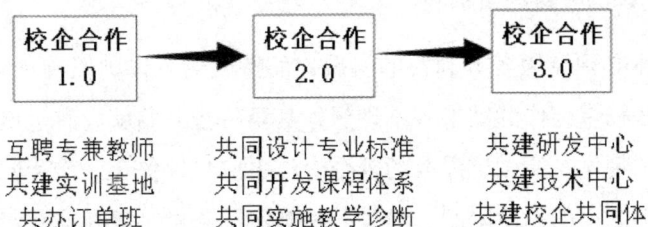

校企合作 1.0	→	校企合作 2.0	→	校企合作 3.0
互聘专兼教师 共建实训基地 共办订单班		共同设计专业标准 共同开发课程体系 共同实施教学诊断		共建研发中心 共建技术中心 共建校企共同体

图5-4-1　校企合作的三个阶段

现阶段，大部分大学仍在校企合作2.0的阶段，一些大学还在校企合作1.0

和 2.0 之间徘徊。近年来，现代学徒制作为一种解决校企合作"合而不作"问题的方式，已经在一些大学中开始试行、推广和应用，但是实施后的效果反馈显示，这种方式仍然无法彻底改变"新瓶装旧酒"的问题，并未达到预期的效果。在 2016 年，《"互联网＋中国制造 2025"产教融合促进计划》由教育部推出，倡导学校和企业共同打造"三位一体"的智能制造集成创新平台，进行深度的校企合作，形成专业集群，以加快大学"主动融入"改革的步伐。实质上，这针对的是校企合作 3.0 阶段，为其深度合作带来了新的视角，并且也提出了更高的标准。在信息社会，大学面临校企合作 2.0 的"补课"任务以及校企合作 3.0 的"追赶"任务的重叠。大学应该在稳固现有的校企合作成果的同时，根据不同利益相关者的需求，合理配置和协调各类资源，构建深层次合作的校企共同体，形成校企共享的体系，如图 5-4-2 所示。

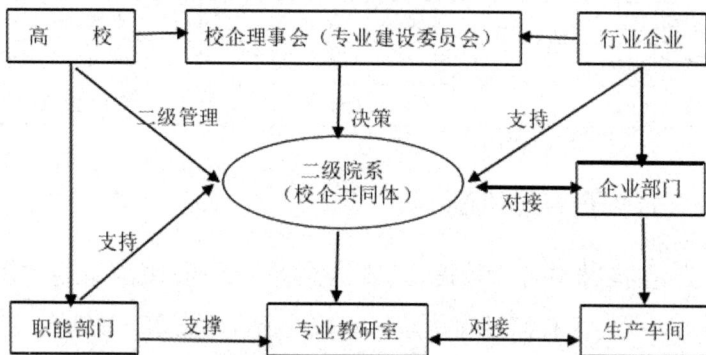

图 5-4-2　深层次合作的校企共同体

（一）明确的权责约束机制

校企合作必须克服各方利益的阻碍，而持久的合作则依赖于制度性的规定。实际上，许多校企合作的结果并不理想，甚至一旦开始就没有进展，这主要是由于缺少坚实的规定。所以，深度的校企合作不应只停留在一份合同上，更关键的是在合同基础之上的制度限制。通过各种规定和条例，清晰地界定各方的权益和责任，建立起各个利益相关者共享、共同管理、共同约定的限制机制。一方面，我们需要把与职业核心素养培养相关的生产与研究、项目设计、教育管理、实习等行为，整合进规定的系统之中，这样，我们就能清晰地界定合作双方的主要角色，实现规则的遵守、流程的协调、责任的分摊，从而提升校企合作的品质与效率。另一方面，根据学校和企业之间达成的合同以及相关的规章，执行目标控制和评估，强化对流程的动态监控。利用适当的激励和处罚手段，限制并推动合作伙伴们承担起自己的职责和义务，避免学校和企业在合作中出现"合而不为"的情况，以此来保证深层次的学校和企业合作的正常运作以及持续的进步。

另外，除了制度的严格限制，深度的学校和企业合作也需要各种形式的交流和互动。例如，定期举办年会、研讨会等活动，进行文化交流，在改进合作体系的同时，建立起情感信任。结合契约制度的优化，可以使得深度的学校与企业合作更加牢固。

（二）畅通的资源共享机制

资源共享是学校和企业合作走向成熟的关键标志，同时也是培养职业核心素养的必要条件。这里所说的资源共享，不仅涵盖了工作环境、实践基地、教师团队、模块课程等实体资源的共享，还包括了企业文化、品牌故事、营销策略等无形资源的共享。在信息社会"互联网＋"的推动下，学校和企业能够借助信息科技工具，构建一个信息共享、资源互通的网络资源共享体系。这样的网络资源共享体系有助于学校和企业实现双赢。首先，大学可以通过共享企业的硬件和软件资源，降低教育成本。公司有权优先选择"符合市场需求"的毕业生，以确保满足公司的雇佣需求，并提升公司的人才储备。其次，公司可以邀请学校的教师共同进行技术研究和员工培训，而学校也可以邀请公司的技术专家一起开发课程、编写教材，向学生传播公司文化，以帮助学生提前了解和熟悉工作岗位和流程。最后，学校与企业通过共同建立研发中心和技术中心等，实现在场地、设备和设施等方面的资源共享。这样，课堂就能被搬到企业的生产车间，理论教学和实践教学能够紧密结合，这在一定程度上有利于企业的生产经营，同时也有助于大学生职业核心素养的有效培养。

（三）有效的评估反馈机制

在为地方经济社会进步提供支持的同时，大学的教育工作者们必须坚守其职责。因此，深度的校企合作必须满足各个领域的需求，并且必须符合本地的经济社会发展状况，以及构建出科学、高效的评价反馈体系。2011年，《教育部财政部关于支持高等职业学校提升专业服务产业发展能力的通知》，其目的是创设并优化一个包含了学校、行业、企业、研究机构以及社会团体的综合性的高级教育品质评估体系。但是，受到各种因素的干扰，目前的评估体系在大学与企业的合作过程中并未得到充分的实施，仍有一些需要解决的难题。例如，由于缺乏对人才培养过程的监管和调整，系统全面的质量评估变得困难；实际操作中缺乏交流沟通，对于针对性的人才培养方案的优化调整也带来了挑战。可以说，这种在校企合作中的信息不对称和沟通不畅的问题，必然导致学校和企业无法制订统一的人才培养计划，以及相应的监督、考核、激励、惩罚等措施，这也是校企合作不深不实的主要原因。所以，对于校企深度合作来说，科学且高效的评估反馈系统是必需的。只有当信息在学校与企业之间高效流通时，我们才能精确地评估校企合作的效果。另外，通过定期的评估反馈，我们也能够及时剔除那些无法有效进行校企合作的公司，并吸纳那些具备更高资质的公司进行深度的校企合作，从而逐步建立起校企合作的动态稳定机制。

第六章 大学生核心素养培养策略

本章为大学生核心素养培养策略，主要内容包括大学课程适应核心素养要求、大学教学以核心素养为本位、基于核心素养变革育人模式、发展大学生核心素养的学校制度建设、构建和强化政治认同培育体系。

第一节 大学课程适应核心素养要求

一、专业课程

与基础课形成对比的是专业课程。这是在高等教育机构和中级职业学校为实现特定的教育目标而设立的专注于某一领域的知识和技术的课程。专业课程旨在帮助学生深入理解并掌握相关领域的核心理论、知识和技巧，同时使他们了解该领域的最新科技进展和未来的发展方向，以及培养他们在该领域内解决实际问题的技能。

专业的概念可以分成两种，分别是狭义的和广义的，广义上的专业实际上就是专门的学问或者是产业部门的各个业务方面，而狭义指的就是高校或者是中专院校针对社会分配的工作而设置的学业类型，专业学习是建立在大学专业分类前提下的专业知识学习。

随着专业领域知识的不断更新，其涵盖的范畴也相当广大。通常，专业课程的结构并不是永远固定的，其内容也会随时间而有所调整。然而，高等教育机构主要是为学生掌握基础性的专业知识奠定基础，更深入的专业技能需要在实际的工作环境中进一步掌握。因此，尽管专业课程会有所变化，但在某一时段内，它们仍然保持着一定的稳定性。

针对大部分人而言，大学基本上是进入社会之前的最后一个学期，所以，大学阶段可以说是人生最为关键的过渡时期，既要学习多种多样的知识体系，同时更加需要给之后进入社会做一个思想上的铺垫。这时，就要求大学教师必须具备良好的职业素养，引导学生不断地学习、掌握学科最尖端的知识。另外，想要培养学生全方位发展，在开展专业课程教学的过程中，还要重视基础课程的教学，这样才能不断提升学生的专业素养。

二、思想政治课程

思想政治教育，是社群或集体通过特定的政治理念和道德标准，有目标、有策略、有序地对其成员进行引导，旨在帮助他们塑造与特定社会期望相一致的思维和道德观念的教育。这种教育在军队和国家教育体系中，主要涉及马克思列宁主义的理论指导，党的策略、原则和政策教育，以及爱国的传统价值观。其目的是使学生深入理解并掌握中国特色社会主义核心价值体系、确立辩证唯物主义和历史唯物主义的观点，并将这些观点转化为支持党和社会主义的实际行为，从而培育具有现代社会公民责任感的人民。

对于我国现代大学生来讲，思想政治课程是不可缺少的课程之一。大学生是我国投入大量财力、物力、人力培养出来的人才，是未来祖国多项事业的建设者。所以，一定要不断提升大学生的思想政治意识，让大学生能够给国家现代化建设贡献一份力量。

现代大学生，一定要掌握思修课这个提升自身道德素养的关键路径。大学生作为未来推动社会发展的坚实力量，想要游刃有余地面对挑战，就要在大学阶段重视培养国家意识和社会责任感、人文素养等，形成不怕困难、敢于担当、坚持不懈的品质。所以，在某种程度上，高校思想政治课程对于社会未来的兴盛与繁荣具有直接的影响。因此，高校一定要培养出思维活跃、有理想、有能力的大学生，最大限度将思想政治课程引导性的功能发挥出来，进一步提升大学生的核心素养。

三、公共课程

公共课程是指高等教育自学考试中任何专业或部分同类专业的考生都必须学

习的课程。尽管公共课程可能与专业学科不直接相关，但它对于培育全面发展的人才和为深入学习提供理论支持是至关重要的。

在大学时期，不管是哪门学科，均要学习部分和本专业关系不是很大的公共课程，这部分课程通常选择较为简单的内容，基本上是最基础的理论知识，同时大部分面向大一、大二的学生。学好公共课程，在某种程度上而言，有着十分重要的意义，学习部分和专业不相关的公共课程，能为学生走入社会奠定良好的基础，目的就是让学生慢慢形成终身学习的理念，这样才能使其更好地扎根社会，将自己的优势充分发挥出来，为国家和社会的发展做出贡献。

学习公共课程，对于大学生来讲意义非凡，可以进一步拓宽大学生的知识视野，使其积累更加丰富的知识，给未来快速融入社会打下坚实的基础，同时还能加快大学生形成正确世界观、人生观、价值观的速度。

第二节 大学教学以核心素养为本位

一、以发展学生能力为教学目标

（一）从重知识转向重能力

在当代大学教育体系中，深入培养学生的核心素养至关重要，这是为了确保他们在走入社会或选择进一步深造时能够具备必要的专业能力和社交技能。大学的教室环境不仅是一个简单的知识传递场所，更是一个学生能力和技巧得到锻炼和提升的重要平台。在这里，我们不仅期望学生能够掌握丰富的知识，更希望他们能够对所学进行深入的思考，将知识与实践相结合。

为学生设定明确而有挑战性的目标是为了给他们提供一个清晰的学习方向。对于大学生而言，只有当他们有了明确的学习目标，他们才能更好地根据这些目标进行自我调整和完善。在这个信息爆炸的时代，大学生学习的焦点不应仅停留在知识的掌握上，更重要的是要在学习和研究过程中培养出独立思考及解决问题的能力，这些都有助于提升他们未来的核心竞争力。

传统的教学模式往往太过于注重知识的灌输，而忽视了学生在学习过程中的情感体验和主观能动性，这导致他们往往采取死记硬背的方式来应对考试，而非真正地理解和掌握知识。而新时代的教学理念则更加注重培养学生的创新思维和实践能力，鼓励他们在学习过程中积极探索、深入体验，从而真正地掌握和运用知识。通过这种方式，我们不仅能够帮助学生建立起坚实的知识体系，还能够培养他们的批判性思维和解决问题的能力。

以培养学生的核心素养为中心的大学教学方法，更加注重学生的个体差异和成长需求，强调对他们综合能力的培养和提升。为了更好地实现这一目标，我们必须不断地反思和完善教学方法，确保每一个学生都能在大学时期这个宝贵的阶段得到全面的发展和锻炼。

（二）重视阶段性目标

对于大学生，他们与其他学习阶段的学子相比，有着显著的不同。这一时期的学生，他们的性格已趋于稳定，自我意识更加明确，拥有更为坚定的意志，可以说正处于走向成熟的阶段。他们的学习模式也发生了深刻的转变，不再局限于课堂的教学，而是延伸到生活的每一个角落。他们所追求的，不仅是教师给予的知识，更加注重掌握这些知识的方法和独特的思考模式。大学的教室不仅是他们获取知识的场所，更是他们交流思想、互相启发的空间。在这里，教师不仅是知识的传递者，更是学生人生观塑造的重要参考。教师拥有丰富的知识和生活经验，对于学生来说，是他们前进的灯塔。教师应当分享自己的经验和教训，为学生提供有益的人生指导。

大学生是充满活力和潜力的群体，他们还在不断地成长和探索。在这个过程中，他们的观念、态度和习惯都在不断地演变。作为教师，他们的职责是确保这些变化是正向的，帮助他们更好地发展。学习不仅是知识的积累，更多的是情感、态度和价值观的培养。大学教师不应只教授学术知识，更应该通过自己的人格魅力和教学方法，影响和调整学生的心态；应该重视培养学生的学习意识和能力，帮助他们形成独特的学习方法，让他们真正理解知识的价值、体验学习的乐趣。

学习的最终目标是为了更好地适应社会，为未来走上社会做好准备。这不仅需要掌握课堂上的知识，更重要的是培养一种持续学习和进步的思维方式。学习的过程和方法对最终的结果有着决定性的影响。关注学习的过程，可以更好地指导学生的发展方向，帮助他们调整学习策略，让他们真正体验到学习的乐趣、理解学习的真正意义，进而掌握学习的方法与策略。

二、转变课堂教学观念

（一）以学生为中心

课堂教学不仅着眼于学生的全方位发展，更是鼓励学生展现出自主和自由的特质。课堂教学不仅要传授知识和技能，更要培育学生具备适应社会变迁的能力。在以学生为核心的教学理念指导下，高等教育应更多地关注学生的学习态度、判断力和人格塑造，从而凸显出教育对于学生成长的深远意义。

将学生置于教学的中心，意味着教学的目标不仅是知识的掌握，更是知识的应用和在学习过程中形成的情感态度。教育者应当关心学生在知识领域的进步，同时也要重视学生在课堂中的体验和感受，以及如何利用这些体验激发学生的学习热情，进一步培养其创新思维。学生的知识吸收和素养培养并不仅仅依赖于教师的教授，更需要学生的主动参与和探索。只有当学生深度参与课堂，他们才能真正地理解和构建知识。

在高等教育的课堂中，将学生视为教学的重心，并不意味着忽视了教师的重要性。相反，这更加强调了教师作为知识的传递者和指导者的角色。高等教育涉及的是深入的专业知识，学生单靠自学难以完全掌握。因此，教师需要运用多种教学策略，激发学生的好奇心和学习兴趣，引导他们深入参与教学活动。将学生置于教学的中心，不仅突出了他们的不可替代性，还能让学生真切地感受到被重视，进而全身心投入课堂学习中。

（二）以学生的学习为中心

将教育焦点放在学生的学习体验上，教师应更多地引导和关心学生，而不仅仅是机械地分享给他们经验和知识。在课堂上，教师分享的知识是基于他们自己的认知和经验，如果学生仅被动地接受，那么他们就失去了自己思考和理解的机会，这样的学习方式不利于他们的批判性思维和创新能力的培养。只有当学生真正地投入并理解了知识，他们才能真正领会其深层含义。

个人的素养和能力是在持续的学习和成长中逐渐塑造出来的，它与学生的发展是相互关联的。在这个旅程中，学生不断地完善和提升自己，形成了与自己相匹配的个性和能力。大学生这个特定的群体，他们充满活力，但也需要在学习中不断地发展自己。在高等教育中，以学生为中心的教学方法不仅关心学生的学习进展，还关心学生在这个过程中的转变和成长。

为了更好地适应这个不断变化的世界，大学生需要培养自主学习的能力。这种自主学习的能力意味着学生可以通过自己的努力来提高自己的技能，并逐步建立自己的认知体系。高等教育的真正目标是帮助学生在掌握知识的同时，能够深入地理解和应用这些知识，从而形成自己的见解和观点。

在大学的课堂上，我们应该更多地关注学生的学习过程，而不是他们的学习成果。真正的核心素养是在大量的实践和体验中形成的，这需要学生、教师和社会的共同努力。关注学生的学习经历和他们的经验积累是培养他们能力的关键。因此，高等教育应该更加重视学生的学习体验，这样才能更好地帮助他们成长和发展。

（三）以育人为核心

人们的进步和成长与其固有的才能和道德修养是分不开的。对于大学生这一特定群体，他们所需的不仅仅是学术知识，更重要的是如何将这些知识和学习方法转化为实际的能力，并从学习经历中提炼出自己的价值观和情感，从而塑造出独特的个性和品质。

在现代高等教育体系中，"核心素养"的观念已经引起了广泛的关注和重视。这种转变使得教育者更加专注于培养学生的实际能力，更看重学生的独立思考、团队协作和创新能力的培养。这种教育方法不仅展现了大学教育对于学生全面发展的重视，而且更加强调了在教学过程中对学生品质的塑造，以及在非学术领域对学生的关心和培养，确保学生能够在课堂中充分展现自己，实现自我的持续成长。

教育的根本宗旨是帮助每一个学生发掘自己的潜能，实现自我完善和成长。虽然大学生在知识和技能上相对于中小学生有了更大的进步，但他们在情感、态度和价值观上仍然需要更多的指导。大学课堂是他们的主要学习场所，这里充满了丰富的学术资源和知识渊博的教授。这些教授的教育哲学和对学生的关心都会对学生产生深远的影响。因此，大学生不仅要追求学术上的卓越，更要在个性和自我上进行不断的探索和完善，以适应社会的快速变革。将培养人的理念融入大学课堂，不仅能够展现教育者的职责和担当，也使得学生的道德教育和品质培养成为教学的中心，这完全符合国家教育的长远目标。

三、采取多种教学方法

（一）问题讨论法

大学的教室是呈现问题、激发学生思考并帮助他们找到答案的场所。将教学内容围绕问题展开，可以使学生更加活跃地参与到学习中，进而激发他们的学习热情，让他们在探索答案的过程中深化对知识的理解，从而培养他们的核心能力。

在课堂上，教师通过多种多样的语言工具，如提示、解释等，来帮助学生掌握知识。提出问题不仅可以在课程开始时吸引学生的注意力，还可以激发他们的好奇心，使他们愿意主动去寻找答案。真正的探索始于思考和提问，教师在这个过程中扮演着关键的引导者角色，他们鼓励学生提出自己的疑惑，促进学生之间的交流和讨论，帮助他们提高解决问题的能力。问题导向的教学方法可以使知识更加生动，教师可以根据课程的重点来引导学生，鼓励他们积极参与、表达自己的观点，这样不仅可以加深他们对知识的理解，还可以在讨论中激发他们的思维，帮助他们修正自己的观点，从而更加积极地思考问题。

大学课堂是培养学生思考能力的主要场所，教师根据教学内容和目标来设定问题，整个教学过程都是围绕着这些问题进行的。只有当学生积极地思考、敢于质疑、持有批判性的态度去看待知识，他们才能找到真正的答案，不断地提高自己的问题解决能力。

（二）合作互动法

教育的真正目的不仅在于传递纯粹的知识，更重要的是教给学生人与人之间的交往和互动技巧。采用小组合作的方式进行探索性学习是一种独特的教学模式，这种模式要求学生们共同努力、相互协作，利用已有的知识进行深入的探讨和研究。这样的教学方式不仅能够完善学生的知识体系，更能够提升他们的交流沟通技巧、全面的学习能力，并进一步培养他们对学习的兴趣。在这种合作学习的过程中，为了确保学生之间的交流能够有效地推动问题的解决，教师的角色变得尤为关键。他们需要深入每一个小组中，对学生的讨论进行细致的指导，确保每个小组的讨论都能够按照既定的方向进行，并对各个小组的观点和结论有一个大致的了解和掌握。

学生在学校生活中的大部分时间都是在课堂上度过的，这是他们进行思想交流、相互了解并逐渐融入一个大的集体中的关键时期。在这个过程中，学生与教师之间建立起了一种特殊的关系，这种关系有助于完成学生在学校社区中的社会化过程。只有当学生们之间建立起相互信任的关系时，他们才能够培养出独立的思考能力和充足的自信，从而更好地激发自己的潜能。

在高等教育阶段，鼓励学生之间的合作学习方式，不仅可以促进师生之间以及学生与学生之间的交流和互动，还能帮助学生们更加深入地了解彼此。在这种合作学习的环境中，每位学生都需要承担一定的责任，他们不仅可以从中获得丰富的专业知识，还能够培养出对团队的归属感，并进一步提高他们的表达技巧和问题解决能力。在这种相互鼓励和支持的氛围中，学生们会更加积极地投入学习中，并将所学的知识真正地融入自己的思维中。

（三）创设情境法

在数字化时代的浪潮中，大学生们已经习惯于通过互联网深入探索各种知识。这种独特的背景使得他们的思维模式、追求和愿景都发生了深刻的变革。他们更加注重知识与实际生活之间的紧密联系，而情境化的学习方法为他们提供了一个桥梁。情境化教学不仅仅是将知识融入真实的社会背景中，更加强调知识在实际生活中的应用价值。这种方法能够极大地提高学生对课堂的兴趣和参与度。

为了实现情境化教学，教师的角色和方法至关重要。他们不仅需要精心设计情境，还要通过生动的描述和示例，使学生能够身临其境地体验和感受。只有当学习内容与学生的先前知识和经验相结合时，学生才能够深入理解和掌握新的知识。情境化教学的核心理念是将学生的现有经验与新的学习内容相结合，鼓励他们在实际操作中进行深入的思考和创新。为了更有效地实施情境化教学，教师需要深入了解学生的知识背景和需求，确保情境的设计既能够激发学生的兴趣，又能够与他们的实际生活经验相结合。

情境化教学的另一个重要特点是它与实际生活紧密相连。通过将真实的问题和情境引入课堂，学生可以更加直观地理解和体验知识的实际应用。这种方法不仅可以激发学生的主动学习和探索精神，还可以帮助他们更好地解决实际生活中的问题。情境化教学为学生提供了一个真实的学习平台，使他们能够在实际操作中体验和学习，从而更好地培养他们的独立思考、问题解决和实际操作能力。

四、充分应用信息技术

（一）借助网络平台开展个性化学习

在 21 世纪以后，随着科技的飞速发展，我们见证了互联网技术的广泛应用和普及。特别是在高等教育领域，几乎所有的大学都建立了先进的网络体系。这种全新的网络环境不仅为线上与线下教育搭建了一个无缝衔接的桥梁，而且提供了丰富多样的教育资源。为了更好地适应这个数字化的社会，学生们必须充分挖掘和利用这些网络资源。

现代大学生，作为数字时代的儿女，对于网络和数字技术有着与生俱来的亲近感。他们不仅熟悉网络操作，更知道如何在这个庞大的虚拟世界中找到他们所需的资料和信息。因此，随着时间的推移，学生的学习方法也发生了巨大的转变，课堂教学与数字化手段结合得更为紧密，为学生提供了更多的学习选择和机会。

随着网络技术的普及和完善，大学生现在可以随时随地利用各种在线平台进行课后复习和预习。这种自主学习的方式不仅能够帮助他们巩固和加深课堂所学的知识，还能让他们更加深入地理解和吸收新的信息。教师也可以利用这些平台发布课程内容，学生可以在课后随时下载并整理，这样既可以弥补课堂上的不足，也能帮助学生更好地准备下一堂课。

更为重要的是，网络平台还为教师提供了一个宝贵的工具，那就是数据分析。通过对学生的在线学习数据进行深入的分析，教师可以更准确地了解每个学生的学习进度、习惯和可能遇到的问题，从而提供更有针对性的辅导和帮助。这种以学生为核心的教学方式，不仅有助于学生的全面发展，还能帮助他们形成更好的学习习惯和策略。

尽管传统的课堂教学方式有其独特的价值，但在数字化时代，开放的网络教育平台为学生提供了更为广阔的学习空间和机会，这无疑为每个学生的成长和发展提供了更多的可能性，也为现代教育带来了新的机遇和挑战。

（二）运用网络平台促进师生互动

教育的核心不仅仅是知识的传递，更为关键的是在探索知识的旅程中所经历的情感和思维的转变。由于各种外部因素，教师可能无法与每位学生进行深入的一对一交流和指导，但教师的作用远不止于教授知识，他们在塑造学生的人格和行为上也起到了至关重要的作用。与此同时，网络平台为师生提供了一个随时随地沟通的桥梁，使得双方都能在零碎的时间里进行深入的交流。

在当今社会，网络已经成为大学生日常生活的一部分，为学生提供了许多获取知识的途径。面对这样的趋势，教师应当鼓励学生利用网络资源进行课外自主学习，如在线互动教学、网络考试等，并在此基础上加强线下的学习指导。网络不仅为学生提供了学习资源，更为师生之间提供了一个交流的平台，促进了彼此之间的互动。

现代课堂教学以问题解决为中心，将教师定位为学生学习过程中的引导者。教师不仅要融入学生群体，为他们答疑解惑，还要加强对学习过程的监控和评估。在课堂上，师生之间应当进行频繁的互动，对教师提出的问题进行探讨。而在课下，可以利用网络平台进行实时的讨论和辅导，这样线上线下相结合，使得知识更为系统，同时也激发了学生的学习热情，促进了师生间的情感交流。

在网络高度发达的今天，人们的交流方式已经不再局限于面对面，尤其是在大班教学中，网络为师生提供了一个超越时空的交流平台，有助于加深彼此的理解和加强彼此的情感联系。

（三）以网络资源辅助教学

随着社会的快速进步，知识的传递方式已经不再局限于传统的书籍文字和插图。现如今，网络上的图像、视频和音频等多媒体资源为我们提供了更为丰富和直观的知识展现方式。作为数字时代的先锋，大学生们更为熟悉如何在互联网上寻找所需的学习材料，仅仅依赖书本上的文字进行教学，已经难以吸引这些年轻的学习者。

而在信息技术飞速发展的今天，课堂教学也在与时俱进，逐渐融入了更多的数字化资源。高等教育机构已经开始利用网络资源，如视频、图像等来提升课堂教学的效果。这种教学方式不仅为学生带来了视觉上的新鲜体验，还有助于拓展他们的思维视野，促使他们在更高的认知层面上进行深入思考。教师可以利用多媒体幻灯片来激发学生的学习兴趣，再结合视频和其他影像资料，以问题引导的方式，鼓励学生根据自己的理解来回答。数字化的视听材料能够生动地展现教学案例，帮助学生更为直观地理解知识，同时也增强了学习的趣味性，使得学习过程不再单调和乏味。此外，利用网络资源还可以为课堂教学提供更为全面的内容，补充教材中可能缺失的信息，确保满足学生各种各样的学习需求。

第三节　基于核心素养变革育人模式

一、以核心素养理念为指导思想

核心素养深入探索的是"培养什么人"的核心议题。在我国，教育的目标和方向都围绕着如何培养人这一核心议题展开。早在新中国建立之初，我国的教育政策和方针就紧紧围绕人才培养这一核心展开。

"核心素养"的提出，激发了广大学者对学生发展核心素养体系的深入研究和探索，为我国教育如何更好地培育人提供了答案。在这个基础上，根据学生发展核心素养体系，各个学段和学科的教育目标和任务得到了进一步的明确，课程标准和教学计划也进行了相应的修订和完善。核心素养已经逐渐成为我国教育领域的焦点话题，它在推动我国课程改革中发挥了至关重要的作用，并与课程改革形成了紧密的联系。核心素养不仅仅是一个政策文件中的提法，它对我国的课程改革和课程标准的修订产生了深远的影响。随着我国教育模式的不断创新和完善，核心素养作为一个教育理念，为我国教育模式改革提供了方向，为解决现有教育模式中的问题提供了新的思路和方法。

二、将核心素养融入育人目标体系

教育部在其政策文件中明确提倡推进学生核心素养教育的发展。核心素养的教育理念为学生在各个成长阶段应当掌握的关键能力提供了清晰的方向。林崇德教授领衔的团队进一步明确了核心素养的定义，他们认为，培育学生的核心素养旨在满足个人的价值追求和社会的发展需求。这一理念基于人的全方位发展，旨在培养学生在三大领域、六大素养和十八个要点上的综合素养。其中，个人价值的实现意味着学生在保持身心健康的基础上，能够自主学习和生活，能够实现自我价值。而社会发展所需的关键品质和能力，涵盖了个人的责任感、创新精神和文化底蕴等方面。核心素养教育理念是国家教育大政方针的细化，它构建了教育理念与教育实践之间的纽带，为教育教学提供了基本的指导方向。总体上，核心素养教育致力于培养德、智、体、美、劳五育均衡的人才，其中德育是最为核心的目标。它致力于培养学生的基本能力，从宏观层面解答了"培育什么样的人"和"怎样培养人"的问题，为我国高等教育的改革提供了方向。

三、立足核心素养优化课程体系

核心素养在教育领域中展现出了其独特的稳定和持续发展的特性。然而，目前的教育体系，特别是那些过于侧重知识传授的课程，很难真正实现这一核心素养的培养目标。为此，我们迫切需要构建一个以核心素养为中心的全新教育课程体系。在信息化时代背景下，对我国现行的基础教育课程标准进行深入的研究、探讨和修正显得尤为关键和必要。在教育的核心任务中，强调德育的重要性和培养学生的核心素养已经成了一个不可或缺的方向。因此，制定和完善新的课程标准，确保其更好地服务于学生的全方位成长，将核心素养的教育理念深入融入德育的每一个环节，已经成了高等教育改革的必然选择和方向。这一全新的课程标准更加注重培养学生的独立思考能力，它以"学科素养"为核心，旨在为基础教育阶段的学生提供更为系统和具体的培养策略。在当下的社会背景下，对于具备多种综合素养的人才的需求正在快速增长，这使得对学生的全面教育和培养受到了前所未有的关注。课程标准不仅仅是一个理论框架，它应当深入教育实践的第一线，探索如何通过多种综合课程来培养和提高学生的多方面素养。考虑到素养所具备的综合特性，我们的学校教育应当更加开放，采用跨学科的方式，结合实践探索、独立学习与团队合作的多种学习方法，全方位地增强学生在复杂环境中的问题解决能力。

四、从核心素养出发编写教材

教材的创作与整合是对大学教育课程思想的明确展现，而将核心素养融入教材中则进一步凸显了对育人核心理念的实践与执行。新版教材的设计应遵循以下原则：第一，突出学科间的互动，推动不同学科的融合。核心素养不仅仅是单一能力或品质的集合，它的培养需要多个学科共同发力，实现全面的育人目标。因此，新教材应从多学科的角度，为学生在各个成长阶段提供全方位的培养。第二，采用多种教学方法来培养学生的核心素养。传统教材往往以纯知识为主，这导致学生需要承受巨大的学习压力。而新教材更注重学生的全面成长，鼓励教师使用如小组讨论、实际探索等方式，激发学生的学习兴趣。第三，紧密结合生活实践和社会需求，让学生真实体验。核心素养的理念鼓励学生参与社会，注重培养他们的人文情怀和科学思维。新教材应将这些理念与学生的日常生活紧密结合，让学生在实践中学习和成长。第四，强调学生的创新和探索精神。培养学生的核心素养是一个长期的旅程，新教材应鼓励学生主动探索，培养他们的批判性思维和实践能力。第五，新教材在编写时应构建完整的课程体系，将知识、技能、情感等多方面的目标融合在一起，以培养学生的全面素养为核心。同时，各高校可以根据自己的办学理念和特色，编写符合自己特色的教材，确保学生在学校中得到个性化且全面的培养。

五、以核心素养为基础变革课堂教学

核心素养的真正展现离不开课堂教学和教育方法的革新。从全人教育的角度出发，核心素养为我们描绘了培养何种人才的愿景，并在实际操作中为课堂教学带来了深刻的变革。在这样的教学过程中，教师更加注重激发学生的学习热情，不再单纯地以知识传授为核心，而是以核心素养为基础，重视培养学生的综合能力。教师往往采用多样化的教学方法，旨在培养学生的核心素养，让学生真正掌握学习方法和技巧。

第四节 发展大学生核心素养的学校制度建设

制度如同指南针，为每个人指明方向，同时也是坚实的保障。学生的核心素养发展需要一个强大的学校制度来给予支持，这样才能确保从规则体系的构建和完善中得到真正的培育和保障。

一、建设系统化的学校制度体系

为了构建和强化正规的学校管理体系，教育部在 2012 年 6 月 25 日发布了《依法治校——建设现代学校制度实施纲要（征求意见稿）》。该纲要明确表示，要全面提升学校制度的建设水平，进一步完善制度框架，并对教学、人员、财务与资产、学生、后勤、安全、国际合作等多个领域的管理制度进行了明确和完善。为了确保制度的规范性和统一性，各学校还制定了各种工作流程、内部组织准则和会议规则，确保每一个环节都有明确的操作指南。这种完善和规范的制度建设，无疑为学校的持续发展提供了有力的支撑。每一个细节的规定都是为了确保学校的正常运作，以为学生和教师提供一个良好的学习和工作环境。

我们需要进一步加强对非正式制度的培育。所谓非正式制度，是指在人们日常的社交互动中逐渐形成并得到传承的社会价值观和行为准则。这其中涵盖了人们的信仰、道德标准、伦理原则、生活习俗和传统惯例等。这种制度的遵循更多的是基于人们的内心认同和自我约束，它依赖于人们的自觉性、日常习惯和内心的道德觉悟。因此，在构建学校的制度框架时，学校应当高度重视当地的文化遗产、生活方式、伦理观念等。在这个过程中，学校应深入了解非正式制度的深度和广度，同时在解决与正式制度可能存在的冲突时，广泛征集各方的意见和建议，鼓励多样性的交流和合作。这样，非正式制度就能够成为正式制度的坚强后盾和完美补充，使两者能够和谐共存、相辅相成，共同为学生的全面发展指明方向。

为了确保学校制度的和谐运作，平衡是关键。首先，学校需要在其内部制度与外部制度之间找到一个平衡点，确保两者之间的和谐共存。这意味着学校的内部制度应当在外部制度的大背景下得到应用，两者共同助力学校的进步，引领学校教育走向正轨，从而达到培养学生核心素养的目标。其次，学校还需要确保其内部的各种制度之间能够动态地保持平衡。鉴于学校制度的复杂性和多样性，各种制度之间的相互作用和影响是不可避免的。为了确保学校的持续发展和学生核心素养的培养，各种制度之间必须保持和谐，规章制度之间不能有逻辑上的矛盾，制度条款之间也不能有冲突。当学校决定修改某一制度时，也应考虑到与其相关的其他制度，确保整体的协调性和一致性。

二、倡导学生参与学校制度建设

学生是学校教育的核心，他们应当积极参与学校制度的构建，通过推动学校制度的民主化，进一步加强学生的核心素质培养。

首先，学校应当通过多种方式进行教育，如宣传活动，积极地激励学生参与到学校规章制度的构建中来。首先，在制定学校规章制度时，学生应当明白这些制度不仅仅是"挂在墙上的纪律条款"，更不是用来约束他们的手段。学校应当消除由此产生的压抑感，明确告诉学生，参与学校规章制度的制定是他们的权益。学校可以通过发布公告、校园广播等手段，向学生普及学校制度建设的目标、种类等基础信息，从而培育学生的沟通与协商技巧，进一步提高学生的参与热情。

其次，学校必须确保每位学生都能在学校制度的建立过程中平等地发声和参与。为了形成一个真正能够反映学生需求的学校制度，不仅需要"优秀领袖"类学生的建议，更应该听取广大学生的意见和建议。学校应该加强对学生参与精神和能力的培育，扩展他们参与决策的途径，确保每位学生都能在制度建设中平等地发表意见、平等地讨论。这样，不仅能够建立一个更加公正、公平的学校制度，还能够培养学生的责任感和主人翁意识。

在学校制度构建中，学生的参与是至关重要的。但由于学生的社会经验相对有限，其对于学校制度的建设流程和方式可能不太熟悉。因此，教师在这一过程中起到了至关重要的角色，他们不仅要引导学生了解并参与制度建设，还要帮助学生表达自己的需求，进行有效的沟通和协商，以达成共识。另外，学校的制度体系是相当复杂的，涉及的具体制度也非常多。所以，学校应该允许学生根据自己的兴趣和需求，有选择性地参与其中。特别是那些与学生的利益密切相关、能够引起学生兴趣的制度的建立，学生更容易积极参与，提出宝贵的意见和建议。

这不仅能够使制度更加完善，还能够培养学生的责任感和参与意识。这对于学生的成长和学校的发展都是非常有益的。

三、增强学校制度的人文关怀性

建立学校制度的根本目标是推动人的全方位成长，一个优质的学校制度是确保学生核心能力稳步提升的关键因素。在构建学校制度时，我们应该更加注重"以人为本"的理念，深入关心每一个学生的生命成长。

首先，学校必须以满足学生的真实需求为制度构建的核心。学校制度不仅仅是工具和价值的融合，它不只是关注制度的构建和实施的方式与效果，更加强调在这一过程中所体现的文化和价值观，旨在推动学生全方位成长。学校的制度框架应融入古今的伦理和道德理念，使得制度本身深含对人性的尊重，进而推动人性的进一步完善。此外，制度的构建应持续适应学生的成长需求，并激发他们更多的发展潜力。制度的构建不应只是针对具体问题的应对策略，更应深入挖掘学生身心成长的各种需求，关心学生在技能、情感、个性和价值观等方面的发展，以及这些方面之间的深层次联系和逻辑关系。

其次，学校的体制结构应当从基于责任的模式逐渐过渡到权利本位的模式，应确保师生的权益得到真正的保障。学校的制度不仅是对师生职责的明确，更是对他们权益的确认和尊重。我们应该确保师生在制度的构建和执行过程中都能够享有充分的权利。如果学校制度只强调义务而忽视权利，那么师生可能会感到被束缚和受限，这样很难激发他们的道德觉悟和对制度的尊重。这些明确的规定为每个人提供了追求自己理想和目标的机会和动力，确保每个人都能在一个公平的环境中最大限度地发展自己，而不会受到任何不正当的干扰和限制。

四、健全执行机制，促进制度落实

学校规章的实施是将固定的规章内容融入学校的日常活动中。确保学校规章得到有效的执行不仅是制度构建的关键目标，还是确保制度真正发挥作用的基础。为了真正实现学生的核心素养的培养，必须确保学校规章得到高效的实施。

首先，学校规章的实施必须坚守公正的底线。公正，作为一种深沉的制度核心价值，并不是某种片面或特定的观点，而是一种普遍性、基础性的理念。学校规章为教育者、学生、学校管理层等各方利益者提供了一个公平的互动平台,它是各方利益者之间协同的产物。在这套规章下,每个人都应被平等对待,每个人的权益都应受到尊重和保护。

其次,学校的制度执行既要坚持原则,又要具备适应性,两者相辅相成。在制度实施的过程中,为了调和组织内的利益关系、增强制度的合法性、减少执行中的障碍,需要根据实际情况进行与原始目标相符的细微调整,这就是建构性的变通。虽然制度本身具有约束性,但在执行时应根据具体场景和问题灵活应变。这样的变通包括补偿性措施、补偿性制度、制度性裁量和合理性行为等四个方面。例如,某所学校的"规程"中明确写道:在教师聘任方面,"校长拥有针对特殊情况进行变通的裁量权,但必须向学校教师编制核定与职务聘任委员会汇报"。这一制度赋予了校长一定的灵活调整权,从而使学校能够引进更为杰出的人才,进而"调和"在制度执行中可能出现的特殊情况。这样的安排更为灵活,有助于学校的稳健前行,确保学生的核心素养得到真正的培养。

最后,在学校的管理体系中,在坚守原则的同时,也要有所变通,两者是相互补充的。当学校执行某一制度时,为了平衡组织内部的各种利益,确保制度的合法性,并减少执行过程中的困难,学校需要根据具体情境做出与初衷一致的微调,这种调整被称为建设性的调整。尽管制度本身是有约束力的,但在实际操作中,学校应该根据实际情况和遇到的问题做出灵活的调整。

第五节　构建和强化政治认同培育体系

一、完善政治认同教育体系

(一)思政课程与课程思政协同

以往教育者固有的传统观念认为:旗帜鲜明讲政治仅是对思政课教师的要求,专业课教师只需要向学生传授好专业知识和专业技能即可。但事实证明,仅靠思政课"单打独斗"是难以将大学生政治认同素养培育和塑造起来的,必须构建思政课程与课程思政协同育人教育体系,将显性教育同隐性教育有机结合起来。

　　首先，专业课教师需要转变以往固有的教学观念，认真学习领会课程思政相关的政策文件精神，在领会精神的过程中切实提升自身的政治眼光和政治素养，将政治性作为教学的根本准则，突破专业课程的传统教学框架，将政治认同培育的相关要素融入专业课程的教学之中。专业课教师可以通过访学研学、参加教研活动、参观主题展览等多种方式提升自身跨学科育人的能力，同时也可以借助新媒体平台立足于实际情况对与本校历史文化、专业特色、人才培养等相关的能对大学生起到启示教育作用的教学资源进行挖掘与整合，让大学生在学习专业知识和技能的同时，汲取到更多的政治知识，增进对政治事件和活动的了解，真正发挥课程思政协同育人的作用，让课程思政为塑造大学生正确的政治价值观念助力。但专业课教师也应该意识到，政治认同教育也应该遵循教育教学和学生成长成才的客观规律，采取循序渐进的原则，不能急于一时，急于求成只会造成适得其反的效果，只有真正做到与思政课程同向同行，才能在最大程度上提升二者协同育人的实效性。

　　其次，大学生政治认同教育必须坚持发挥思政课程"定盘星"的作用，思政课程作为政治认同教育的主渠道，承担着培根铸魂、启智润心的关键任务，是政治认同教育的治本之道和根本之策，必须不折不扣、不遗余力地得到推进。对此，必须让有信仰的人讲信仰，其一，思政课教师要深耕教材，但又不能完全沦为教材的搬运工，必须发挥自身的主观能动性，用个人情感魅力去影响和感染学生，增进大学生对党和国家的情感认同。其二，思政课教师要讲清理论，为学生答疑解惑，深刻阐发学生普遍关注的深层次问题和具体实践中存在的实际问题，增强理论的说服力，但重视理论灌输并不意味着在具体的实践教学中教师仅围绕书本通过理论讲授法进行，也要综合运用情境教学法、小组讨论法、自学自讲法等多种教学方法，教师只有敢于直面学生的问题，学生才能发自内心地感到信服，进而切实提升学生的政治认知能力和水平。其三，思政课教师要用活教材，大学生群体认知发展水平和社会实践能力参差不齐，每个人的个性特征也相去甚远，教师要根据学生的实际特点，将生动形象、贴近学生生活、易于被学生理解和接受的案例素材作为教学辅助，让学生从这些案例素材中感知我国在各领域的巨大发展成就，感悟我党践行初心使命的矢志不渝，深刻认识到、深切体会到党和国家发展所带给自己的归属感，让大学生从内心深处激发起爱党爱国爱社会主义的情怀。其四，思政课教师要创新方法，要能做到顺应时代和科技发展潮流。当前网络新媒体平台的建设如火如荼，人工智能与思想政治教育也有了深度融合，思政课教师应该与时俱进，有效利用起各种媒介传播平台，让大学生有更多机会接触政治知识，激发学生的学习兴趣。

最后，要打破专业课同思政课之间的学科壁垒，将思政课程和课程思政统一于政治认同培育的全过程，不断探索完善二者协同育人体系，从提供智力支持角度为大学生政治认同教育保驾护航。

（二）"第一课堂"与"第二课堂"协同

健全大学生政治认同教育体系，离不开大学生的躬身实践，以此为切入点推进"第一课堂"与"第二课堂"协同育人也是大学生政治认同培育的现实之需。众所周知，就大学生政治认同教育而言，"第一课堂"指的是思政课课堂这一主渠道，而"第二课堂"则是指大学生所参与的各种校园文化活动和社会实践活动。当前，根据有关实证研究，相当一部分大学生通过亲身参与社会实践而对党史国情、制度政策等有了更为深入的了解，并在了解的基础上增强了对党和国家以及制度方针政策的认同感。

校园文化活动是培育大学生政治认同的又一阵地，校园文化活动可以同政治认同培育相结合，推动活动内容与形式创新，可以使校园文化活动在新时代条件下焕发出崭新的生命力，成为政治认同教育的重要手段。比如，在党史学习教育常态化推进的当下，部分高校成立红色理论宣讲团，组建了一批政治素质高、宣讲能力强的学生骨干队伍进行政治理论宣讲，此外还开展了诸如党史诵读比赛、党史知识竞赛、建党百年主题征文活动和党日活动等校园文化活动，大学生的参与意愿强、参与度较高，均取得了不错的效果。此类以思想性和政治性为引领，又兼备知识性和趣味性的校园文化活动，能让大学生在参与过程中深切体会到政治的魅力，加深对政治常识、政治事件和政治活动的了解，帮助大学生形塑正确的政治价值观念，为培育大学生政治认同添砖加瓦。有鉴于此，高校应积极开展各式各样的校园文化活动，如爱国主义教育知识竞赛、"请党放心、强国有我"体育节活动等，为大学生提供更多参与机会。

政治认同是由知、情、意、行四个层次构成的统一体，政治行为是政治认同最终的落脚点，因而，开展丰富多彩的社会实践活动也是培育大学生政治认同的应有之策。高校可以利用寒暑假引导大学生广泛参与社会实践活动，如勤工俭学、无偿献血、清理环境、关爱老年人和残疾人，并为他们提供义务帮助等，这会增强大学生的社会责任感，让大学生摆脱功利主义的侵蚀，在一定程度上扭转大学生注重个人发展需要、忽视社会长久发展的功利化倾向，提高大学生的政治参与度，使大学生认识到自身积极正向的政治行为会对社会的安定和谐起到促进作用，促使大学生积极投身政治参与。

（三）开展专题性教育

政治认同专题性教育是大学生政治认同教育体系中不可或缺的一部分，培育大学生政治认同不仅需要构建完备的协同育人体系，还需要开展具有针对性的专题性教育。大学生的认知水平和能力有限，而政治认同教育自身的学理性较强，当前的思政课教材对于政治认同教育的有关内容所做的叙述与阐释相对比较分散且不够深入，不易于大学生系统地学习政治知识，导致政治认同教育的实效性欠佳。

高校要抓好政治认同专题性教育，必须明确政治认同教育的四大内容，即对中国共产党的领导、中国特色社会主义制度、马克思主义指导思想、中国特色社会主义伟大实践等四个方面的认同教育，让大学生从学理层面对政治认同的理论知识有更为全面、深入的了解，在深化政治认知的基础上，增强大学生对党、政府和国家的情感认同，坚定大学生对我国政治体系的拥护，进而引导其做出符合社会发展规律的积极正向的政治行为。

高校亦要提高对政治认同教育的重视程度，将政治认同教育作为大学生培养的重点工作常态化持续推进。高校可以邀请政治认同教育领域的专家学者来校开展政治认同专题讲座和研讨会，针对大学生政治认同的现状，优化教育内容，进行系统的有针对性的政治认同教育。比如就大学生政治认同知、情、意、行四个层次的逻辑起点政治认知维度而言，相较于对我国制度方针政策、马克思主义中国化的理论成果等的了解，大学生对于重要法律法规的了解程度不足，而这就可以作为政治认同专题性教育的突破口和着力点。

总而言之，开展政治认同专题性教育是提升大学生政治认同的关键一招，在教育过程中，一要结合学生的客观实际情况和主观现实需要，循序渐进、按部就班地开展政治认同教育，避免使大学生产生逆反心理、丧失学习兴趣，厌倦甚至抵触政治理论学习；二要结合思政学科教育体系，将思政学科教育体系同政治认同专题性教育深度结合，深化优化教育内容、提高教学质量和水平，让政治认同专题性教育真正发挥政治价值引领、政治观念塑造等作用。

（四）合理搭建教学框架

众所周知，高校立德树人的主阵地是思想政治教育，思想政治教育主要依托思想政治理论课（简称"思政课"）展开，思政课发挥着铸魂育人的主渠道作用，大学生政治认同教育体系的健全与完善与思政课教学息息相关、密不可分，合理搭建思政课教学框架能有效提升大学生政治认同教育的实效性。

首先，在教学目标上，思政课教学要坚持把政治性摆在首位，坚守政治性、思想性、科学性、引领性等基本原则，重视大学生的政治引领和政治价值观念的形成与塑造，要明确教育必须为社会发展服务，让大学生认同和拥护我国主流意识形态，并深刻认识到中国特色社会主义道路是唯一正确的道路，也是国家发展的必由之路，引导大学生在日常的学习、工作和生活中自觉坚持爱党爱国爱社会主义的统一，维护党和国家的形象，为党的二十大所提出的奋斗目标凝心聚力。

其次，在教学过程中，思政课教学要以马克思主义的立场和观点武装大学生的头脑，当前，部分大学生对马克思主义中国化的理论成果不甚了解，甚至不能准确、完整地表述出中国特色社会主义理论体系的主要内容。思政课教学要利用"思想道德与法治""毛泽东思想和中国特色社会主义理论体系概论""马克思主义基本原理概论""中国近现代史纲要""形势与政策"等覆盖面广、逻辑严密的课程体系帮助大学生树立起马克思主义辩证思维，引导大学生客观理性地看待新时代条件下凸显出来的各种社会现实问题，从频发的负面事件中看到其背后的深层逻辑，让大学生在马克思主义的指导和引领下，做出积极正向的、顺应时代潮流的、符合社会发展规律的政治行为。

最后，在教学评价上，思政课要制定出更为清晰明确的大学生政治认同评价标准。就高中生而言，对于政治认同这一学科核心素养的水平划分和评价标准十分明确，但大学生则缺乏与政治认同相关的具有针对性的评价标准。思政课教学还需要实现大学生政治认同评价主体的多元化，通常情况下，大部分高校是由辅导员和思政课教师进行大学生政治认同评价的，而实际上大学生自身以及学生家长也应该成为教育评价的主体，这样可以提升大学生自我教育的意识，增强自身政治理论学习的积极性和主动性，自律意识和家长督促也会在一定程度上规范大学生的政治行为，推动大学生有序参与政治活动。

二、挖掘文化资源

文化资源作为一种持久、深沉、强大的精神力量，对大学生具有十分重要的引导和教化作用，文化资源承载着传递政治知识、激发政治情感、塑造政治价值观念以及引领政治行为等多重功能，将文化资源纳入大学生政治认同的建构具有重要意义。

（一）推进优秀文艺作品创作

党的十八大以来，习近平总书记对文艺作品十分关注，并寄予了殷切期望，在很多场合多次提及诸如《小兵张嘎》《平凡的世界》《山海情》等启智润心的优秀作品，提出了一系列重要论述。近年来，《觉醒年代》《理想照耀中国》等一批演绎中国革命历史的国产剧涌现，在收获较高收视率和好评率的同时，也掀起了一股党史学习的热潮。部分大学生表示相较于传统的课堂学习，更倾向于通过观看此类主旋律影视作品来了解红色文化和政治知识。以《觉醒年代》为例，其作为一部近代史题材的电视剧，搭建起了1915—1921年的历史框架，对于新文化运动、中国早期马克思主义思想运动等的相关知识均有演绎，能在一定程度上帮助大学生梳理政治脉络、厘清政治知识。可见，文艺作品可以提升大学生的政治认知，加深大学生对于政治常识、政治事件、政治活动的了解。因而，文艺工作者应积极创作更多贴近史实、蕴含家国情怀、紧扣时代旋律的，能够体现党的领导和我国政治制度优势与伟力的文艺作品，以大学生喜闻乐见的方式，让其从文艺作品中汲取更多的政治知识，提升自身的政治素养和政治敏锐度。

此外，社会各界也应积极促进优质文艺作品的广泛传播，互联网技术的蓬勃发展和大众传播媒介的迭代，使得抖音、快手、哔哩哔哩等短视频平台应运而生、异军突起，短视频平台的传播方式恰恰符合新时代大学生利用碎片化时间进行浏览的习惯，因此要促进优秀文艺作品同现代传媒技术的融合，在鼓励文艺创作的同时加强相关宣传，让大学生接触到更多的符合政治和艺术双重标准的优秀文艺作品，在提升文化认同感的同时为政治认同固基。

（二）开展红色文化教育

部分大学生对红色历史不甚了解，存在红色记忆式微的问题，因此要用红色文化教育激发大学生的政治情感，对大学生的政治认同进行培育与建构。红色文化教育同大学生政治认同培育具有内在耦合性，红色文化于革命战争年代的硝烟和炮火中锻造而成，于社会主义建设和改革时期得到进一步丰富和发展，在新时代条件下也迸发出了鲜活而强大的生命力，具有重要且深刻的时代价值和现实意义。

第一，要以红色历史为切入点，深入挖掘红色历史中蕴藏的红色精神的价值意蕴，把同大学生血脉相连、情感相依的红色故事讲述好、传播好，将红色基因融入大学生的灵魂骨血，为大学生铸就鲜明的政治品格和政治底色，让大学生从红色历史中汲取信仰力量和奋进动力，形塑、提升大学生政治认同。以伟大建党精神为例，伟大建党精神是在中国共产党成立百年的光辉奋斗史中形成的，鲜明体现了党始终坚持以人为本的根本原则以及站稳人民立场、坚守为民情怀的政治品格和政治方向。充分挖掘并发挥伟大建党精神的教育功能和作用，能够扭转大学生以往形成的对党的错误认知观念，深化大学生对党的正确认识，提高大学生对党所推行的制度方针政策的拥护度，激发大学生对党的情感认同。

第二，要拓展红色文化教育的渠道，增强其对提升大学生政治认同的实效性。对此，一方面要依托革命遗址、博物馆、纪念馆、档案馆等红色教育基地，引导大学生到基地实地参观，让大学生在观看凝结着红色文化的实体文物的过程中感悟党团结带领人民群众不懈奋斗的伟大历程，使大学生有"置身其中""身临其境"之感，重温并建构大学生日渐式微的红色记忆，加深其对党史国情的认知和了解，增进其对党和国家的情感认同。另一方面也要搭建红色文化教育网络平台，高校可以开通用于专门开展红色文化教育的微信公众号、微博号、哔哩哔哩号、抖音号等宣传学习平台，向大学生推送一些革命人物事迹、具有启示和教育意义的"里程碑式的"革命事件、红色景区打卡地和旅游攻略等大学生喜闻乐见的红色文化知识，为政治认同培育提供有力支撑。

（三）建立和规范仪式礼仪

仪式礼仪是大学生政治认同培育的重要载体，其实质是一种文化象征符号，具有多种表现形式，与大学生的学习、工作和生活紧密相连，对社会整体政治氛围的营造和烘托起着关键作用。仪式礼仪作为一种隐性教育手段，能够将我国主流意识形态潜移默化地传达给学生，内化进大学生的头脑，春风化雨般影响和塑造大学生的政治价值观，最终达到培育大学生对我国政治体系坚定信仰的根本目的。仪式礼仪将精神层面上抽象化的价值观念具象化，转化成大学生看得见、听得到的具体政治仪式，毋庸置疑，政治仪式自身离不开政治性，此外还兼具庄重性和肃穆性，能够激发大学生的情感共鸣，让大学生受到感召与浸润。比如在12月13日国家公祭日举行的升国旗、下半旗、悼念等国家公祭仪式，中华人民共和国成立70周年庆典阅兵仪式、"七一勋章"颁授仪式等，均能提高大学生的政治站位，使大学生站在党和国家事业发展全局的高度，明确个人同祖国命运与共，个人价值的实现需要以社会的安定和谐为前提，只有服务社会才能真正实现个人价值，帮助大学生确立自我身份，增强大学生对祖国的归属感和认同感。又如入团仪式、入党仪式这些同大学生切身相关的仪式，实际上都是在不断强化大学生的政治意志，让大学生在遵守政治活动程序性、规范性的过程中建构起集体情感和忠诚信仰，在庄重的政治氛围下深深共情。总而言之，仪式礼仪能够以其独特的教化和引领作用在实践层面有效提升大学生的政治认同。

（四）加强榜样力量的引导

榜样人物对大学生的政治行为具有示范和引领作用，榜样力量是培育大学生政治认同的强大精神力量。古往今来，我国涌现出了许许多多的榜样人物，榜样的力量是鲜活的、持久的、潜移默化、润物无声的，对于形塑和提升大学生政治认同具有独特非凡的价值，因而，要善于挖掘和利用榜样的力量，在具体实践中可以从教师、家长、时代楷模这三方面入手。

首先，在大学生政治认同教育这一科学严密的体系中，教师必须知行合一，自觉做到政治思想与政治行为相统一，绝不能一面向学生讲授中国特色社会主义制度的优越性，一面在具体实践中做出背离社会主义道路的行为，要真正发挥教师的示范带头作用，用教师的人格魅力和政治信仰感染学生，使学生在信其师的基础上信其道，将教师作为自身学习的榜样，在与教师的沟通交流中增进政治认同。

其次，家长也是发挥榜样示范作用的另一主体，大学生的政治认同情况会受到家长的影响，家长也要言传身教，身体力行，可以通过观看诸如《县委大院》《山河锦绣》等涉及国家治理的、体现人民性与时代性的政治题材影视剧来提升自身的政治素养，也可以通过阅读政治领域的相关书籍来开阔政治视野、提升政治认知水平和能力，让大学生将父母正向的政治行为作为自身政治参与的参照和标准，在耳濡目染中受到感染和教育，提高政治觉悟、政治境界和政治担当。

最后，也可以在高校内开展榜样人物座谈会、交流会、观影活动等，用榜样的力量激励人心，在高校内推动形成讲政治、筑忠诚、敢担当的良好风尚。当前，要积极宣传时代楷模的先进事迹，比如为近 2000 名贫困山区女孩圆求学之梦的"校长妈妈"张桂梅、永葆革命本色的战斗功臣孙景坤、坚持志愿服务十余载的"活雷锋"王兰花等模范人物的光荣事迹具有强大的影响力和感染力，均是值得大学生深入学习的宝贵资源，从这些人的事迹中，大学生能够深切感悟到其爱党爱国的情怀和信念，有利于大学生将体会到的精神意蕴内化于心，并在日常生活中外化为积极、理性、正向的政治行为。

三、营造良好环境

（一）加强网络舆情管理

当前接受高等教育的大学生以"00后"居多，这一代人与网络有着天然的亲近感，其学习、工作和生活均与网络密不可分，且十分热衷"网上冲浪"，在网络空间中投入了大量的时间和精力，但毋庸置疑，部分大学生的政治意志力和鉴别力比较薄弱，媒介素养也有待提升，因而，在面对网络上各种不同的意见表达、情绪态度时，容易被网络舆论的非理性表达所影响和裹挟，陷入对我国政治体系的怀疑，甚至是抵触之中，为此，必须占领大学生政治认同培育网络阵地。

一方面，有关部门要切实加强对网络有害信息的监管和治理。当前新媒体技术的发展如火如荼，各式各样的手机软件也不胜枚举，随之而来、不可避免的是网络舆论乱象，比如，就某些暴力事件而言，个别网民在网络空间中肆意宣泄负面情绪，发表非理性的极端言论，甚至妄图挑起性别对立、地域对立等争端，诸如此类的不良信息会对大学生政治价值观念的塑造造成极其不利的影响。对此，相关部门应当认真对待并加快解决社会现实问题，从人民群众的根本利益出发。同时，还应当做好舆论引导工作，依法加大整治力度，清除错误的网络舆情信息，坚决取缔助长不良言论传播的媒介平台。在日常工作中也要加强网络空间主流意识形态建设，让主流意识形态成为抵御极端错误思想的利器，以马克思主义的立场和观点武装网民的头脑，做好舆情监测、舆情预警、正面宣传等工作，在网络空间奏响主旋律，发挥社会主义核心价值观凝聚人心、政治引领的功能和作用。

另一方面，要积极推动线上线下相结合，政府、公众、社会组织相协同共同参与网络舆情的监督，高校也应重视舆情管理工作，建立健全校园网络舆情研判机制，时刻关注大学生的政治思想动向，对于大学生密切关注的热点焦点问题进行适时恰当的正向引导，同时还要建立完备的校园网络舆情处置以及问责机制，在网络空间中对大学生以及高校内的其他群体形成强有力的约束和管理，建构起健康和谐的网络环境，为大学生政治认同培育筑牢根基、保驾护航。

（二）加强校园文化建设

高校校园是大学生学习科学文化知识进而提升自身综合素质和能力的主要场所，大学生日常生活的绝大部分时间都在校园内度过，培育大学生政治认同与教育氛围浓郁的校园环境密不可分，而致力于营造浓郁的教育氛围则必须下好校园文化建设这步关键棋，将大学生政治认同培育融入校园文化建设的方方面面。

首先，可以从高校的历史文化传统入手，高校间的历史沿革是不同的，每所高校都有着自身独特的历史发展脉络和厚重的历史文化底蕴，要用高校的历史文化底蕴滋养大学生的精神世界，使大学生受到文化浸润和政治引领，为政治认同培育奠定情感基础。

其次，要引导大学生积极参与政治性、思想性、知识性、趣味性兼备的形形色色的校园文化活动，发挥校园文化活动的隐性教育功能。一方面，要提高社团等学生组织的政治引领力和影响力，进入大学校园，相当一部分的大学生会选择加入学生组织来提高自己的能力、丰富自己的阅历，并且高校内大部分文化活动是由学生组织承办的，学生组织同大学生的关系十分密切，学生组织应经常性地开展诸如学习党中央会议精神研讨会、主题文化展、辩论赛、运动会等活动，将政治认同培育这一宏大的教育过程融入大学生的点滴日常之中。另一方面，要加强党团组织的政治建设，将培育大学生政治认同同党团活动相结合，如党支部可以组织观看主旋律红色影片、参观红色教育基地等的党日活动，团支部可以开展类似于红色事迹分享会、缅怀革命先烈学党史活动等团日活动，充分发挥学生党员的模范带头作用，以一带多，推动讲政治、筑忠诚、敢担当在高校校园内蔚然成风，切实有效地促进大学生政治认同的提升。

最后，也要不断优化校园文化环境，完善并利用校园内的各种文化设施，如通过校园广播定期对近段时间的时政要闻、党中央的方针政策、重大会议精神等进行播报与宣传，还可以利用宣传栏、展板、布标、条幅、电子显示屏等对政治常识、政治事件和活动进行介绍与阐释，在整个校园内营造浓郁的学习政治知识的政治认同教育氛围，充分发挥校园文化建设隐性长效的育人作用。

（三）发挥朋辈引领作用

朋辈群体的政治观念、政治态度和政治行为会对大学生政治认同的建构产生较大影响，部分大学生的政治行为存在盲从性，在进行政治参与时向朋辈看齐，将朋辈的政治行为作为自身的参照。研究大学生政治认同培育问题不可避免地要考虑朋辈关系，良好的朋辈环境是培育大学生政治认同的必要前提，因而必须发挥朋辈引领作用，激励朋辈间相互促进。

第一，与互联网时代下，与需要"意见领袖"在大众传播过程中发挥引导和支配受众作用相类似的是，在朋辈群体环境中，政治认同培育也需要培养一批有较高人格魅力和政治素养的、受同学信任和拥护的核心人物，他们通常在党团组织内担任一定职务，群众基础良好，具有较强的凝聚力、感召力和影响力，能在不断丰富和完善自身、提高政治认知水平与能力的基础上号召其他同学加强政治理论学习，并引导同学们客观理性地看待当前社会中出现的某些负面事件和我国政治形势，帮助大学生坚定对我国政治体系的拥护。

第二，朋辈群体中不乏德才兼备的模范精英，由于朋辈群体自身的特性，大学生对于朋辈有着天然的较高的政治信任度，朋辈的政治价值观念和政治行为会

对大学生产生较大影响。因而，一方面，高校要积极促进大学生开展朋辈间健康
正向的政治交流，如组织模范精英为大学生进行政治理论科普宣讲，或围绕我国
的政治制度和政策展开讨论题等，让大学生在观点的碰撞中增进对政治的了解，
从政治参与中获得归属感和认同感。另一方面，高校要广泛宣传模范精英的先进
事迹，可以对模范精英进行深度的人物专访，让模范精英分享自身政治理论学习
的感悟和经验，并依托微信、微博、抖音、哔哩哔哩等多平台对其先进事迹予以
推送，发挥朋辈群体的激励带动、示范引领等作用，实现大学生朋辈群体间的互
相教育，进而达到切实有效提升大学生政治认同的目的。

（四）注重家庭家风教育

培育大学生政治认同需要打好高校、家庭和社会多方协同的组合拳，汇聚起
强大的政治认同培育合力，破解培育过程中存在的诸多实际问题。家庭家风教育
不仅关乎每个小家庭自身，更关乎整体的社会大环境，重视家庭家风教育是培育
大学生政治认同的应有之策和关键之要。

第一，要建设家国一体、关心政治的优良家风，让大学生在优良家风的熏陶
下厚植爱国情怀，提高对伟大祖国的拥护度，充分发挥家风的隐性教育功能和作
用。大学生政治认同的培育并非一日之功，而是具有层次性的循序渐进的过程，
家风熏陶可以将政治认同培育落到实处，落到大学生日常生活的细微之处，在潜
移默化中影响大学生的认知观念，让大学生深刻认识到家与国是不可分割、荣辱
与共的共同体。大学生要自觉践行爱家爱国爱社会主义的统一，并且热心政治，
热衷于政治理论学习，自觉关注国内外时政热点，在优良家风春风化雨般的涵养
和教育下，强化政治担当。

第二，要加强家庭成员间的政治交流与沟通，在相当一部分家庭中，成员间
谈论的大部分话题是围绕家庭琐事展开的，很少讨论与政治有关的话题，在一定
程度上导致大学生政治认同培育体系与家庭教育相脱节，与日常生活结合得不够
紧密。对此，家庭成员间素日里可以一起观看电视新闻节目或一些主旋律影视作
品，提高大学生对政治知识的了解程度。此外也可以对我国的制度政策、近期发
生的政治事件和活动等进行讨论，交换各自的看法和观点，对于个别比较敏感和
尖锐的政治问题，家长不能避而不谈，要帮助大学生进行客观理性的分析，并加

以正向引导，在积极的政治交流中增强大学生的政治鉴别力和政治判断力，将家庭教育所承载的育人价值充分挖掘和发挥出来，助推大学生政治认同的培育。

四、重视自我教育

（一）培养自我教育意识，提升媒介素养

想要真正达到培育大学生政治认同的目标，"内化"是必不可少的过程之一，"内化于心"是"外化于行"的先决条件，只有大学生在内心深处形成对党、政府和国家的高度赞成与深情拥护，才能在实践中做出与社会发展同向同行的积极正向的政治行为，而"内化"离不开大学生的自我教育。政治认同培育不仅需要高校、家庭、社会等多方共同发力，还需要强化大学生自我教育的意识。大学生应当深刻认识到政治理论学习对于完善自身政治人格、提高自身政治素养具有重要意义，从而自觉增加政治知识储备，将政治理论学习融入日常生活。大学生可以利用碎片化时间通过半月谈、学习强国等手机软件或光明理论、红旗文稿、共青团中央等微信公众号来学习政治知识，在自主性的驱动下不断提高政治认知水平与能力，在自我教育中完善自我。当前，新媒体时代下，网络上的信息鱼龙混杂、层出不穷，大学生正处于政治价值观塑造和形成的关键时期，其鉴别力和意志力还比较薄弱，容易受到不良信息的干扰和侵蚀，因而还必须提升自身的媒介素养。对此，大学生要建构起批判性思维，对网络上纷繁芜杂的信息要持有怀疑的态度和审视的眼光，不能偏听偏信，要考察信息的来源是否权威可靠，不能被小道消息和花边新闻所蒙蔽裹挟，而丧失了自我基本的判断力，要根据所学的专业知识判断信息的准确性，并对信息进行理性深度分析，从盈千累万的信息中筛选出有教育价值的、对自我有益的信息。此外，大学生也要树立起高度的社会责任感，加强自我约束，坚守政治原则和政治方向，提高政治站位，做到不制造、传播谣言，不发布有损党和国家形象的言论。大学生可以在网络空间内为政治认知薄弱的网民普及所学的政治理论和常识，在深化对政治知识的理解的同时肩负起新时代青年学生应担起的责任。

（二）提倡实践中实现自我教育

自我教育作为促进大学生政治认同培育的重要方法，最终仍然要落到具体的

实践中，只有将"内化于心"与"外化于行"相统一，即做到知行合一，做到从情感层面到践行层面的转化，才能真正建构起完整合理的认同循环，因而要提倡大学生在实践中实现自我教育，提升自我教育的践行力。大学生应该自觉投入政治参与之中，丰富自身实践经验，将所学的政治理论知识与具体的政治实践活动相结合，在实践中挖掘、发挥理论学习的最大价值，达到大学生政治认同培育效果的最大化。

首先，大学生应该积极参加形形色色的实践活动，并且可以利用寒暑假的时间开展深入的社会调研或政务实践，真正深入一线了解社会实际情况，利用高校和社会提供的宝贵资源和平台，在实践中切身感受新时代条件下我国社会发展取得的宏伟成就，学思践悟党的二十大精神以及各项路线、方针、政策，通过实践时刻检视、完善自我，增强自身的政治鉴别力和判断力，在此基础上培养政治主见，一定程度上扭转大学生政治参与盲从的问题。

其次，大学生要强化政治担当，勇于承担起时代所赋予的责任与使命，可以在高校或有关单位的组织下到社区、企业、中小学等地围绕"四史"（党史、新中国史、改革开放史、社会主义发展史）做理论普及宣讲，也可以积极参加一些志愿服务活动，比如担任大型赛事的志愿者、参与线上支教、清理垃圾广告、开展文明宣传等，通过生动活泼、各具特色的实践，不断强化政治参与意识，提高自身政治参与能力。

最后，大学生要经常开展政治交流，高校内可以创建类似于党建协会、国防教育协会、青年马克思主义者理论研究会等思政类社团，广泛吸纳大学生加入。大学生可以就当前的时政热点问题积极发表个人观点，进行深入理性的探讨，在政治思想观念的碰撞中不断开拓自身的政治视野，提升政治效能感和获得感，激励自身以更为积极的态度投身于政治实践，在实践中真正锻造出对我国政治体系的坚定拥护，切实形塑和提升自身的政治认同，为政治认同培育工作注入鲜活持久的内生动力。

参考文献

[1] 贾灵充，周卫娟，赵艳娟.当代大学生核心素养与思想政治教育研究 [M].北京：新华出版社，2018.

[2] 王建力.社会主义核心价值观有机融入大学生核心素养体系研究 [M].北京：中国社会科学出版社，2020.

[3] 李文亮，张建利.责任 诚信 合作 服务：大学生核心职业素养培养 [M].上海：上海财经大学出版社，2014.

[4] 吴忠湘，冯桂华.核心素养背景下高校语文教育教学研究 [M].长春：吉林大学出版社，2022.

[5] 李顺年.高校辅导员核心素养提升策略研究 [M].长春：吉林文史出版社，2022.

[6] 常生龙.核心素养与学习的变革 [M].上海：上海教育出版社，2020.

[7] 吴菊梅.从教室到教研：基于核心素养的课堂教学实践 [M].北京：中国国际广播出版社，2023.

[8] 孙雅薇.高校体育与健康教育融入大学生核心素养培育体系路径研究 [J].拳击与格斗，2023（5）：28-30.

[9] 毕清波，张丽，张瑞荣，等.新时代大学生核心素养与使命教育的范式研究 [J].湖北开放职业学院学报，2023，36（1）：68-70.

[10] 王大庆，赵健胤.当前大学生核心素养现状及提升路径 [J].才智，2022（23）：166-169.

[11] 杨玉孟，司徒宝莹，李炳全.大学生核心素养现状的调查研究 [J].肇庆学院学报，2022，43（4）：111-116.

[12] 徐泉辉.创新创业创造教育提升当代大学生核心素养研究 [J].通化师范学院学报，2022，43（5）：139-144.

[13] 林韵，李凤琼．核心素养视域下大学生优秀品质的培养策略 [J]．岭南师范学院学报，2022，43（2）：119–124.

[14] 郑康，梅竹馨，郑月波．大学生社会主义核心价值观与核心素养的融合培育 [J]．西部素质教育，2022，8（6）：7–9.

[15] 莫逊．新时代大学生核心素养培育优化路径研究 [J]．中国多媒体与网络教学学报（上旬刊），2022（3）：130–133.

[16] 雷宏德．大学生创新创业核心素养的培育路径 [J]．人才资源开发，2021（15）：65–66.

[17] 赵启美．面向 STEAM 教育的大学生核心素养能力评估方法研究 [D]．安庆：安庆师范大学，2021.

[18] 赵远．价值共创理论视角下的大学生核心素养培育研究 [D]．天津：天津大学，2021.

[19] 骆语辰．育德育心品质对大学生心理危机预防的积极效应研究 [D]．西安：西安石油大学，2020.

[20] 杨霞．重庆市大学生体育核心素养现状及培育策略研究 [D]．重庆：重庆大学，2020.

[21] 付珍．心理危机预防：大学生发展核心素养培育研究 [D]．西安：西安石油大学，2019.

[22] 焦敬超．"新工科"本科生核心素养研究 [D]．徐州：中国矿业大学，2019.

[23] 常飒飒．基于核心素养发展的欧盟创业教育研究 [D]．长春：东北师范大学，2019.

[24] 戴静．基于核心素养的大学生思想政治教育研究 [D]．重庆：重庆师范大学，2018.

[25] 刘楠．高校本科层次工程人才核心素养研究 [D]．哈尔滨：哈尔滨理工大学，2018.

[26] 林中月．大学生核心素养体系构建研究 [D]．镇江：江苏大学，2017.